與天地感應
神秘的潛意識書寫

在借手不借腦中，揭開潛意識一百回、靈台山心法、解陰陽之秘

謝繡竹——著

Joyful Life 19

與天地感應・神秘的潛意識書寫

在借手不借腦中，揭開潛意識一百回、靈台山心法、解陰陽之秘

作　　者　謝繡竹
封面設計　林淑慧
特約美編　顏麟驊
特約文編　洪禎璐
主　　編　劉信宏
總 編 輯　林許文二

出　　版　柿子文化事業有限公司
地　　址　11677臺北市羅斯福路五段158號2樓
業務專線　（02）89314903#15
讀者專線　（02）89314903#9
傳　　真　（02）29319207
郵撥帳號　19822651柿子文化事業有限公司
投稿信箱　editor@persimmonbooks.com.tw
服務信箱　service@persimmonbooks.com.tw

業務行政　鄭淑娟、陳顯中

初版一刷　2024年06月
定　　價　新臺幣560元
I S B N　978-626-7408-37-7

～柿子在秋天火紅 文化在書中成熟～

國家圖書館出版品預行編目(CIP)資料

與天地感應・神秘的潛意識書寫：在借手不借腦中，揭開潛意識一百回、靈台山心法、解陰陽之秘／謝繡竹著. -- 一版. -- 臺北市：柿子文化，2024.06
面；　公分. --（Joyful life；19）
ISBN 978-626-7408-37-7（平裝）
1.CST：潛意識　2.CST：靈修

192.1　　113005623

潛意識書寫是一種最簡單又實用的潛意識開發方法，
來與內心深層的意識進行對話。

推薦序

福祿壽喜歸自心

繡竹跟隨我近二十年。作為我醫學、修練道途上最好的見證和忠實跟隨者。如今出書奉獻給廣大群眾，作為一本人人適用的參考書籍，為師甚感欣慰，並予祝賀。

感謝師徒一路行，風雨磨難坎坷多。
錦繡前程心血鑄，首屈一指是愛徒。
讚竹德緣兼具備，良行善施一路行。
千家萬戶美滿盼，施容善德立豐碑。
緣由奧妙自在心，福祿壽喜歸自心。

郭志辰　二〇〇九年三月十四日

備註：

當我心裡想著要找何人寫推薦序時，郭老師的影像突然出現在我眼前，剎那間的心有靈犀，我馬上感應到郭老師想幫我寫推薦序，而郭老師則回給了我一個微笑。

一瞬間，我腦海中浮現出多年前郭老師曾經幫我寫的推薦文內容，頓時熱淚盈眶，讓我回想起在執行「潛意識一百回」時，郭老師每天都要上線，守在電腦前陪伴著我接收完成菩提老祖所給予的「潛意識一百回」任務，並耐心等著我上呈菩提老祖當天所傳法的信息後，才願意去休息。也因為有了郭老師的陪伴和一一解答我心中的疑惑，我才能順利通過菩提老祖給我的考驗。

在此「潛意識一百回」重新出版之時（重新修訂為《與天地感應・神秘的潛意識書寫》），我想對郭老師說：謝謝您的一切，您是我人生中最珍貴的導師（雙手合十3396815）。也祈請郭老師護佑讀者，讓心中的善願圓滿應驗。

謝繡竹　二〇二四年三月

自序

建立豐盛意識，做自己夢想的創作者

我們活在時間裡，存在空間中。時間就像是潺潺流水，一點點流逝、淌過，回首細看，這一切又已成為歷史。沒有人可以指出宇宙時空的源頭在何處，盡頭又在哪裡？不管宇宙有幾維，我們對空間的感知只有一種空無感，面對浩瀚無邊的宇宙和綿延不斷的時間長河，只有蒼海一粟、朝菌不知晦朔的無奈感覺。

雖然我們目睹著已消逝和正在消失之中的事物，但是，我們在過去所經歷的一切並不是毫無意義，對未來也不是完全沒有掌握能力。尤其是，我經歷了與靈台山開山祖師「菩提老祖」的對話，真實記錄了「潛意識一百回」，繼而發現了，每個人都可以透過公共領域的「共有財」，回訪上古時期的自己，挖掘屬於自己的原始靈性信息，甚至可以替未來的自己創造及書寫新的「空間文化」（詳見第一章解說）。

二〇〇一年是我人生最低潮的時期，某一天，我的夢裡出現了一位身穿古裝的尊者，對我指引了方向和目的地。沒想到，之後那位尊者竟然神奇地出現在我的現實生活中。我在身心轉折的過程中，經歷了一些神奇故事，並在接收靈性信息後，書寫了一本修練潛意識之作：「潛意識一百回」。

菩提老祖連續透過一百天的子時來傳法，所以我稱之為「潛意識一百回」。同時，我也發覺到動意功的部分功法，例如「3396815」數字咒語、「小真人」和「虛靈大法」的修練，與菩提老祖傳授的法非常相似。經過郭老師的開示，我才知道郭老師在多年前也曾經接獲菩提老祖的靈性信息，甚至其中有幾篇跟我所接收到的內容，包括用字和標點符號，幾乎完全相同。

二〇一四年，我曾經公開「潛意識一百回」。事隔十年後，我決定重新整理並注入新的觀點再出版，主要原因是，「潛意識一百回」是人們共有的潛智慧公共財，每個人都可以開發自己的潛意識，或許不是每個人都能夠接收到菩提老祖的信息，但我認為靈修者都應該閱讀「潛意識一百回」。因為這是潛潛和潛表互聯、互通、互信的修練典範，將幫助你找到與高靈合一、甚至合靈的潛規則。至今我仍一一履行「潛意識一百回」，其中的理論也獲得驗證，並帶領我持續通往靈性開悟的指引。所以，我想藉由「潛意識一百回」來啟發讀者，促進其與靈性信息的溝通交流。此外，我在接收諸多靈性信息時，發覺到任何靈性信息的信號都會呈現週期性波動的高峰，我們可以藉此機緣接收神靈的信息，擷取古人失落的智慧。

菩提老祖信號的高峰不僅明確，並且特徵明顯。從有限的文獻資料中，可以得知菩提老祖首次在明朝吳承恩的《西遊記》中出現，孫悟空不僅拜菩提老祖為師，在取經路上也經常聽見嗡嗡聲的信息指引聲響。除了郭老師和我曾經接收到菩提老祖的信息之外，菩提老祖經常穿梭於各地，並跨越門派的隔閡去傳法，甚至有人從未接觸過任何的修練法門，也能接收到菩提老祖的信息，並聽到嗡嗡聲。

但我必須事先聲明，我是在「借手、不借腦」的狀態下，如實記錄下「潛意識一百回」。至於讀者能夠到達何種境界，就看每個人的造化與際遇，後續會有怎樣的感應，就是如人飲水，冷暖自知了。

時隔二十二年，我再次重新看待「潛意識一百回」，以及智元師兄傳授的心法、太乙真人的陰陽論（重新整合修訂出版為《與天地感應．神秘的潛意識書寫》），儘管各自有不同的靈性信息，但都傳遞出一個概念，也就是：在解放思想的過程中不斷奮進，打破慣性思維和主觀偏見的束縛，衝破舊習慣勢力的禁錮和束縛，如此一來，我們才能建立起豐盛意識，從中發揮及運用自己的想像力與創造力，創造出自己生命中想要的東西，最後就能「擁有」一切你想要的健康、財富、愛和成功，活成自己想要的幸福模樣。

目錄

第一章

什麼是潛意識書寫？

潛意識書寫，是一種最簡單又實用的潛意識開發方法。郭志辰老師在對我傳授「動意功」功法後，又教導我以「借手不借腦」的「潛意識書寫」方法，來與內心深層的意識進行對話。

我透過這個練習，與四維、五維的高維度神靈進行溝通交流，也與古聖先賢、上師的信息相連結，甚至和大自然的信息相掛通。並且，我也同步將接收到的靈性信息，完整地聽寫下來，將此稱為「靈性信息的接收」。

潛意識書寫不同於傳統寫作，也與其他心靈寫作有所區別。**在學習潛意識書寫之前，必須先習練站樁，強調下中上三焦的開發和連結**（請參閱《打通靈性覺醒的人體空間通道》及《消除百病，暢通人體空間能量就對了！》二書）。如此安排的原因，最主要的作用是有益身心健康，其次可以幫助我們的身心連結成高能量的載體，如此一來，靈性信息就會自動降臨。此外，這也是在潛意識書寫時，意識得以保持清醒狀態的關鍵要素。

更重要的是，把三焦連結成一條空間通道，是我們達到與靈性信息進行互動式溝通及交流的最佳途徑，這也能開發我們內在的神性，為身心帶來強大的靈力。

借手不借腦的潛意識書寫

潛意識書寫既非通過大腦思考，也打破了傳統寫作的各種束縛和局限，不管語法、文字措辭、標點符號等問題，而是以意識流的方式，想到什麼就寫什麼。

在進行的過程中，無須評判這些內容是接收自何方神靈的信息，更不用考慮接收信息的等級，以及最終能得到什麼結果。

你只要專注且迅速捕捉那些在意識裡湧現的念頭，讓自己的手在紙上或電腦鍵盤上流動，並如實記錄下來。

之後，你可以再針對心中的疑問做後續的探索和檢驗。

靈性信息不會以固定的方式呈現，最為常見的形式是下意識地蹦出一些不合邏輯的奇想，突然之間心所生起的意念、直覺。

有時則是在大腦顯現出幻景圖像、字幕，有時則是內心出現說話的幻音，也可能是光明徐徐照耀著。

在進行潛意識書寫時，也沒有固定的接收方式。

有時候像是在聽寫，將聽到、想到的聲音忠實地寫下來。

當達到一種境界時，就會沒有聲音，也沒有意念和想法，但手卻會像自動機械那樣不停地寫。

到了這時候，我能清楚聽到外界的一切音聲，但它們對我毫無妨礙。**手在不停地書寫當中，心卻是如如不動，一切都清楚時，便能窺見那操控著借手不借腦之靈感背後的真相，並非是想像而來。**

所以，潛意識書寫的靈感來源，是有跡可循的，是有圖、有像的。

由於每種信息能量皆有特定的振動頻率，所以該信息能量每回顯現的圖像都是相同的，而你只能以超感官能力去連結和接收到。我也觀察到，每種信息能量都有不同的特質和層級，甚至不同的專長。

舉個例子，我只要覺察到大腦顯現出的影像是：頭上有明顯的髮髻，臉上留了白鬍鬚，身穿白色長袍，具有仙風道骨之姿，我就知道是菩提老祖降臨了。祂所帶來的信息，都是與修練議題有關的文章，不會是文學小說的靈感。這一點也可以用來做為分辨靈性信息真偽的參考依據（詳見第六章解說）。

與潛意識溝通的意義及作用

我從二〇〇一年開始啟動了潛意識書寫，不但連續書寫，甚至在接收潛意識信息時，同步記錄來自四維、五維的信息，其中包括女媧娘娘、菩提老祖、釋迦牟尼佛、老子、觀世音菩薩、南極仙翁、智元師兄、太乙真人、鬼頭、黑白無常等佛道和民間信仰的信息，同時也寫了一些與地球宇宙、歷史文化有關的文章。

我的潛意識書寫的基礎，奠定於靈台山開山祖師菩提老祖所送來的超越意識時空的靈性信息，並針對潛意識的主題，連續講法一百回。

「潛意識一百回」為我奠定了潛意識書寫的基礎，也為我的身心帶來強大的力量。這一番奇特的體悟，幫助我的意識擴展，認識了心靈意識的豐盛，因此翻開了修練人生的新頁。

在進行潛意識書寫的過程中，我的意識始終保持高度覺醒狀態，因而能夠自由探索降臨在個人身心的奇遇。

靈性信息不僅引領我進入四維空間，幫助我更深入地了解自己的靈性本質和內在

智慧，並且能發揮更多潛能及自覺。將表意識沒有辦法接觸的意識層面，從潛意識中提取到表意識中運用，使得潛意識更能發揮無可限量的爆發力，也激發了我的創造力，幫助我的靈感源源不絕，寫出屬於自己的一片天。

過程中的各種任務和挑戰

當我完成「潛意識一百回」的任務時，郭老師非常開心地說：「這樣我就放心了！」但我沉浸在「潛意識一百回」的法喜中，並沒有聽出郭老師的弦外之音。

事隔多日後，郭老師以鄭重其事的態度對我說：「那段期間，我一直注意著妳，深怕妳一不小心就走歪了。未來，妳還需要通過各種任務和挑戰。」在那一刻，我才發現自己在潛意識書寫時，高估了自己對潛意識的認知，自認為我的意識始終保持高度覺醒狀態，並把「修心、養性、積德、忘我」謹記在心。

即便郭老師明白我的心意，仍隨時在側觀察，對我耳提面命並諄諄教誨。因此，我心生警覺，注意到潛意識書寫確實是一種最簡單的方法，可以開發潛意識並與之直接對話，但同時它也充滿了風險和挑戰。

具體來講，**要認清並努力克服我們常說的「貪嗔癡慢疑」（貪婪、怨恨、妄想、傲慢、多慮），目的是預防自己在不明事理的情況下，引來貪嗔癡慢疑等種種煩惱和邪見，進而做出過度癡迷、迷戀、迷信的行為**。很慶幸，經郭老師的提醒，我發現「戒定慧」（持戒、定力、智慧）是對治「貪嗔癡慢疑」的方法；這也是郭老師遺留下來的金科玉律，實為後世弟子修練有成的規範。

在開始本書的主軸之前，我認為有必要說明潛意識書寫到底存在著什麼風險和挑戰，才會讓郭老師如此在意，更勝於我在潛意識書寫的學習成就與寫作表現。

在潛意識書寫上，我可以稱得上是一帆風順，除了身體力行，使理論和實踐相結合之外，也觀察並研究其中存在的各種風險和挑戰，畢竟郭老師不可能始終在旁提示著我。

一來可明則保身，二來可以明白地告誡他人，避免了盲目追求潛意識書寫的成就與表現所帶來的風險，從而取得了較正向且穩定的學習成果。

潛意識書寫不同於入定和催眠

1. 潛意識書寫介於入定和入靜之間

所謂的入定，就是當自己的雜念妄想全部停止不動，心念都集中在一點上，不再有任何的思想。所謂的入靜，則是屏除了六識（眼識、耳識、鼻識、舌識、身識、意識）的雜念。

潛意識書寫是介於入定和入靜之間，強調「從定生慧」和「定中修觀」，既是把心念都集中在一點上，六識則是退居第二，扮演監督潛意識的責任。

以我的親身經歷來說，這就像是戴上VR眼鏡，瞬間進入虛擬世界，可以看見菩提老祖活靈活現的彩色影像出現在我眼前。然後，我把意念專注在菩提老祖影像的一個點上，例如眼睛，接著就會像是禪宗說的以心傳心，我知道菩提老祖要對我說什麼，並在接收的同時，以自解自悟將之轉換為文字。

儘管我的視覺系統專注於自己的手在紙上書寫或在電腦鍵盤上敲打，但我清楚地知道自己輸入的那些文字的意思，而對於身心內外和周圍能量場的變化，也是有覺知的，可以覺察到光影的變化。在此，有一個關鍵要領是必須掌握的。雖然在書寫過程中，不必對傳統寫作的語法、文字措辭、標點符號等問題進行批判，以免書寫過程卡在半途。然而，**必須有分辨邪正真偽的能力，對於內容的是非、善惡、真偽，表意識仍要發揮監督潛意識的責任。**

在書寫當下，如果出現負面想法和情緒，例如聽見或生起去跳樓的不良信息，諸如此類不利於自身、他人和人群的想法或行為時，表意識就要即刻將錯誤、不良、負面的信息更正過來。如果表意識無法將之導正過來，就應立即暫停潛意識書寫。

潛意識書寫的當下，無需經過大腦思考，但在事後必須以理性的思維去檢驗其真偽性，再三確認接收的靈性信息確實有利於自身、他人和人群，才能相信這些內容並公諸於世。所以，「戒定慧」乃是潛意識書寫最重要的事。

2. 潛意識書寫與催眠的區別

不論是催眠還是潛意識書寫，我們都會進入一種意識改變的狀態，但兩者的方式有所不同。

在催眠中，被催眠者允許催眠師引導自己的注意力集中在某一個特定事物上，催眠師掌握了百分百的控制權。

被催眠者看起來是清醒的狀態，但對於身心內外和周圍環境的感知，卻是微弱的，如此一來，催眠師才能發揮影響力，對被催眠者進行暗示，並引導他到特定事物或想法上。

催眠可以把一個人隱藏的記憶細節顯化出來，幫助被催眠者改變想法、戒除不良行為的習慣，但同時也可以透過一些催眠技巧，把信息植入被催眠者的潛意識中。

借手不借腦的潛意識書寫，則是可以知道自己在書寫，但不去引導意識，讓潛意識自由流動。

雖然是借手不借腦，但強調表意識始終保持在高度覺醒的狀態，對周圍環境是有感知的，並發揮了監督的責任，不僅清楚潛意識發出的信息，也有拒絕接收的權利。甚至在當下，我們也可以把不良訊號扭轉過來，就能以淨化的信息使體內所有的能量和物質獲得更新，有助於身心靈之間的平衡，幫助人們解決心理和生理上的問題，提高自我意識及自我成長。

在催眠中，被催眠者給予催眠師百分百的控制權，結局全部都掌握在催眠師個人主觀意識上的認知。借手不借腦的潛意識書寫，則是在表意識的監督下，在表意識更加精微的覺知上，以自己的理想、想要的結局來寫，也能提升自覺能力、洞察力和領悟能力。

表意識、潛意識互用，動靜二相了然不生

潛意識的信息具有爆發力，它那突如其來暴衝的能量場，對我們的生活會造成巨大的影響，包括人體生理變化和身體機能反應。

此外，潛意識往往呈現出感性、情緒性的一面。潛意識裡的內容，大多跟我們的情緒有密切關係，像是能激發強烈負面情感的創傷回憶。由於潛意識書寫是以意識流的方式書寫，將會為壓抑的情緒打開大門，如果定力不夠，表意識又沒有即時發揮監控潛意識的責任，就容易丟失了自己，迷失了心性。

這就是郭老師擔心我走歪的主要原因。有些人原本有道德標準，卻在不明究理下，陷入是非深淵、相信空穴來風的無稽之談，變成缺乏同理心、愛和智慧的癡人，甚至藉助潛意識的力量，做了違背良心、有損道德的選擇，不僅違背了潛意識書寫的初衷，更偏離上天鼓勵的思想、行為、言語。

靈性是創造來的，若不想失去「靈」，就應該**涵養靈性修養的智慧，對自身的言行舉止都要有知覺。從因果報應屢試不爽的角度來看，潛意識書寫是創造意識的心流，在進入心流狀態時，就像是湍急的河流，會因一念偏差而步步皆錯，反之，心起善念，就能步步精進。每個人都應謹記，潛意識書寫能載舟亦能覆舟。**

但我相信，絕大部分的人，會因為缺乏正確認知，沒有掌握書寫的方法，就如同身處夢中一般，糊裡糊塗地來，糊裡糊塗地去，不自覺已經偏離了正道。

例如，為了驗證自己得到某種神力或特殊能力，未經當事人同意，或取得事實證據之前，便擅自揭人短處、言人隱私。也有人出現幻覺、幻聽，說接收到某某神明的指示，指定了時間、地點，去領天命、秘笈，就能獲得為人民服務的特異能力。甚至有人言之鑿鑿地說神明指出某地藏有寶藏，或言十方聖賢潛匿之處，成群結隊去朝聖。這些或許是出於善心與好意，但已經脫離現實，在旁人看來其行為舉止相當怪異。除此以外，也有人因為獲得某種特異能力，就目空一切，把謙卑學習、尊師重道等基本規範拋諸腦後，甚至疑心老師有私心，將法秘傳給特定的人。**如果沒有及時從「貪嗔癡慢疑」五毒之中醒悟過來，極可能因而失去理性與良知，甚至走入迷信，做出傷害自身和他人的事。**

還有一種值得留意的現象，我們極可能會因為自己接收到了高靈或神仙菩薩靈體的引導或指點，便產生了該高靈、靈體是自己前世的想法。很多人更因為這份錯誤認知，做了不當的通靈行為或問事，尤其在心性不穩定的狀態下，容易受到無形界某些能量的干擾及糾纏。

雖然靈性信息屬於高度振動的頻率，但因為振動的頻率不穩定，如果你駕馭不了，就會被這些信息帶著走，輕則情緒起伏不定，重則會失去自己的「自主性」。

潛意識往往呈現出感性、情緒性的一面。相對來說，表意識是一種理性的態度，使我們具有洞察力，能夠理性地分析。即便兩者之間存在著相互牽制與影響的關係，**我也始終把郭老師的諄諄教誨：「必須以理性來探尋潛意識的奧秘」謹記在心。**

1. 潛意識強於表意識

深層意識一旦從內心深處釋放、爆發出來，表意識就得管住它。如果表意識管不住，往往靈感思維有如脫韁野馬般，不易掌控，精神就亂套了。有些人因此寫著寫著，就突然靈動起乩的跳大神，此時應立刻停止繼續書寫。

或者是有人會不明所以的，突然腦袋迷糊不清醒，昏昏沉沉的，恍惚起來，出現一直笑個不停的情形；也有相反的，一直哭鬧個不停。

這些負面情緒可能為自己招來痛苦與疾病，甚至極有可能出現短暫的精神錯亂，**千萬要小心**。

2. 表意識強於潛意識

潛意識書寫的思路通常在子時以後較為順暢，原因是白天時，表意識較為活躍，因表意識是一種理性的思維，會壓抑潛意識，就難以激發出靈感思維的創造力、想像力，進而影響了靈性信息接收的順暢度。

因此，很多藝術家會特意在晚上，甚至選擇在深夜進行自己的創作。

所以，在進行潛意識書寫時，我們就像球場上的裁判，應保持中立、客觀。如果潛意識表現得過於興奮和情緒化，出現損及自身、他人和社會之言行舉止時，或是表意識太過理性，要求寫出合乎邏輯的文字時，我們就要出面調和兩者之間的矛盾。因此，**我們務必要保持高度覺醒狀態**。

若兩者之間的矛盾不可調和，一旦爆發出古怪獨特、捉摸不定的行為模式，這些負面情緒可能為自己招來痛苦與疾病，所以，如果你正在接受心理諮商，而你的表意識無法監控潛意識時，**應該暫停潛意識書寫**。

靈感思維加上表意識，潛藏無盡的可能性

在接收潛意識信息時，首先要充分了解和掌握兩者的特質。此外，更重要的關鍵，是要明白潛意識書寫是修練的另一種形式，同樣需要擁有正面思考與良善信念，尤其是在進入書寫狀態時，更需要以理性、理智思維規範及道德來約束潛意識。人們

在神智清醒的狀態下，通常都知道也願意遵守這些道理，但問題是，在書寫狀態下，這些高頻信號超過了清醒狀態下的水平，理智的能力就很難發揮作用。這是最容易被忽略的原則，而大家會忽略的原因，恐怕是因為多數人不懂得**「保持高度覺醒狀態的真正原理，是為了監督潛意識輸入到表意識的信息」**。這需要鍛鍊的過程。

1. 神形要穩和靜

潛意識（神）、表意識（形）皆要穩和靜。所謂的靜，是思想（六識）要放空，需要消除並放下自己的雜念，使自己處於空零的狀態。穩，就是對潛意識不可執著和追求。唯有穩和靜，才能達到鬆靜自然的境界。

2. 要具備三力

三力是指：專注力、覺察力、理解力（悟性），缺一不可，如此才具備了與潛意識進行溝通對話的能力，以及如何與潛意識交融的藝術，也才能知道潛意識要傳達什麼信息給我們。

具備了此三力，每個人都可以並從中慎選需要的信息。

大宇宙信息網的無償諮詢與分享

我發現，潛意識跨越了階級、種族、性別、宗教、文化的界線，也跨越了神、鬼、人空間的界限。所以在進行潛意識書寫時，可以接收到不同時代和空間的不同文化、不同能量屬性的靈性綜合體，因此郭老師取名為「空間文化」。它就像是大宇宙信息網，是由上天發起的「宇宙大聯盟」的信息空間，為人們累世以來所累聚的思想能量，共同創造出了各式各樣、五花八門的思想觀念，所以是眾生共同創造、共同擁有的文化財富。所有的信息是相互連結的，當你連上線，就可以從宇宙空間中，尋找和連結上想要的所有信息，它就像圖書館一樣保存了各式各樣的信息。

信息內容應有盡有、包羅萬象，而且取之不盡，用之不竭，就像一個多重宇宙。其中令我感到有趣的是，我曾經因此在夢裡看見清朝順治皇帝與母親大玉兒的互動，跟歷史上的記載不太相同。同時，我也目睹了清朝康熙皇帝的兒子在爭奪皇位的歷史事件，但跟我在課本讀到的內容有些出入。

我並非史學家，無法證明孰是孰非。但可以確信的是，凡走過必留下痕跡，我們都會在宇宙空間中留下信息的足跡，凡是我們的思想、生起的念頭、說過的話、我們的圖像，都會上傳到「宇宙大聯盟」的信息空間。未來的人可以透過信息接收，回訪我們留在宇宙信息網的文化遺跡，正如我們可以接收上古神明和菩薩的信息與旨意。

施容善德用

靈感思維就像是一個龐大且複雜的資訊庫，就算對它有了基本的瞭解，也不足以成事。我曾經因此陷入迷惘中，找不到潛意識書寫的方向和目的。直到郭老師對我說了一句話：「施容善德用。」我才度過低潮期，找回潛意識書寫的初衷和終極目的。

「施容善德用」蘊含的真理，在「予人玫瑰，手有餘香」這句話獲得最好的印

證。在我們給予別人、幫助別人的時候，回饋也會同時回到自己的身上，而這也道出了因果輪迴論。

「施」予人玫瑰，其實也豐富了自己的精神與心靈。付出時，待人的心量要開闊，沒有階級差別，都能寬大包「容」，對己而言，雙手空空了，才能接收更多的玫瑰。「善德」，是指與他人互動時，要保持自己的品德，遵守自己的道德。除了不斷提高自己的能力和水準，也應當做出能助益眾生、對社會有所「用」的貢獻。

郭老師的名言佳句「施容善德用」，是達成接收靈性信息之「目的」時首要遵守原則。郭老師教導的話，我們要謹記於心，也適合所有的人。

對潛意識書寫原理有個通盤的大方向之後，接下來在進入「潛意識一百回」之前，我要先來講述發生在我身上的真實奇幻故事，以及我和菩提老祖跨時空的緣分。

第二章

我和菩提老祖的緣分

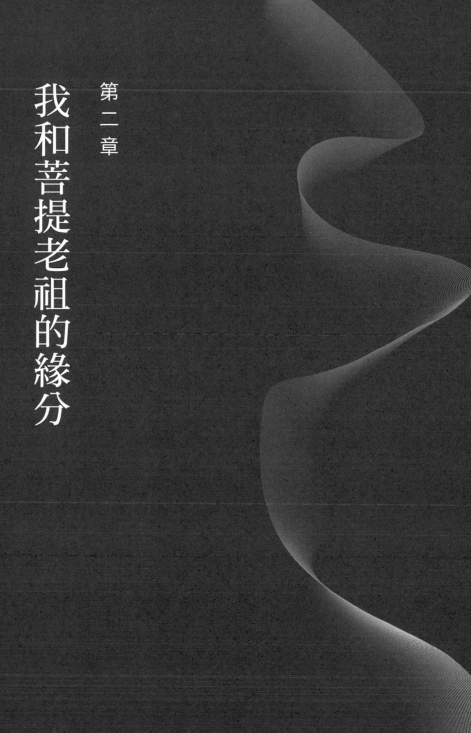

我在接收任何潛意識信息時，每一次的對話和提問，皆是在意識清醒的狀態下，觀照到菩提老祖的影像如何從虛擬世界穿越時空，來到我所在的三維空間。如果仔細推敲起來，看似冥冥中的安排，實際上還是有跡可循。

後來，菩提老祖透過夢境，引導我進入四維空間，進而超越自己的三維認知，頓悟出潛意識信息有如互聯網，能通達永恆的智慧。

所有的命中注定都是有跡可循

潛意識書寫的起初，對我而言是心靈療癒的旅程。所謂的「災難旁邊就靠著幸福，幸福底下就藏著災難」，這些話在我身上應驗了，當時我正逢職涯的低潮期，因而有此機會與潛意識書寫結下不解之緣，並導致接踵而至的特殊境遇，進而展開不可思議的奇幻旅程。

二〇〇〇年七月我被資遣後，為了轉移悲憤的情緒，經朋友的推薦，參加了廈門大學的中醫函授課程。學習醫學成了我生活的重心，我還寫了一篇醫學論文參加徵選，結果不僅刊登在廈門大學的醫學期刊，校方並安排我與教授們上台做學術報告。原本我是為了打發時間才參加中醫函授課程，沒想到論文被徵選上，像是被打了一劑催化劑，引發了我對學習中醫的濃厚興趣。

當我沉浸於中醫函授課程時，又再次遇上關鍵性的轉折事件：廈門大學突然無預警的不接受我註冊就讀二年級，匯過去的註冊費也被退了回來。

我打了電話到廈門大學的函授組去詢問，校方都說沒有收到我匯過去的註冊費，也沒有理由不受理。我不甘心，又再次去匯款，結果還是被退了回來。

我靈機一動，既然台灣匯不出去，就從香港匯吧。於是委託香港的友人匯款，才成功完成註冊。

當我將此事的來龍去脈向郭老師秉告時，老師神情嚴肅地說：「是上天不讓妳讀的，這不是妳該走的路，妳還有其他新的任務。」我好奇地請示道：「是什麼任務呢？」老師搖搖頭說：「不知道。」我又再次面對命運的轉折與抉擇，我是否該繼續把課程完成呢？

不過，一切都有早已鋪設好的軌道，我還沒來得及做出抉擇，就做了一個奇幻探險的夢，冥冥中似乎有一隻手要將我推向已預設好的軌道。

穿越時空的奇幻夢境

在夢裡，我告別了家人，獨自一人出遊。走到岔路口時，突然有一位身著古裝的男性長者把我攔了下來，要我改變出遊的方向，並指定了目的地。我按照那位古人指示的方向，走啊走的，竟走到溪流前，等待了片刻後，見四下無人，只聽見潺潺溪流聲，便回家了，也從夢中醒來。

我以為事情就這樣結束了，沒有再繼續探索下去，也沒有將此事放在心中。但是，我萬萬料想不到，千載難逢的機緣才正要上場。

數日後，那位古人的影像竟然顯現到我右大腦的位置，臉部五官的輪廓相當清楚，還眼睜睜地直盯著我看。

我原本以為這只是幻景，不以為意。到了晚上，那位古人仍然動也不動地直盯著我。我不確定對方的意圖，感到畏懼，於是打電話向郭老師求救。

郭老師語氣平和且淡定地說：「對方有信息要給妳。」

我說：「對方已經盯了我一整天，他既沒有開口說話，我也沒有任何靈感想要寫文章。」

「對方還在觀察妳。」聽了郭老師這麼說，使我更加惴惴不安及焦慮。

夜晚，我躺在床上，雙目緊閉，但仍然和那位古人「四目」交接，相對凝望。那位古人盯著我看了一整晚，既沒有給予任何信息，我也沒有出現任何特殊的感覺。

翌日醒來，那個影像仍然緊盯著我看，感覺就像是一部隨身攝影機，記錄著我的一舉一動，感覺怪憋扭的。因為是無形的靈直盯著我看，我便不敢胡思亂想，一舉一動也都小心翼翼的，深怕說錯話、做錯事，索性就不出門了。

眼看一天又要過去了，我仍然捕捉不到任何隻字片語。到了晚上，我忍不住又致電給郭老師，郭老師不改淡定的語氣說：「對方想說，自然就會開口說，不想說，我也沒辦法。順其自然吧！」

就這樣，我和那位古人四目交接，「靜」在不言中，度過了兩天。

後來，我想起郭老師說的「順其自然」，同時也可能是累了，我一倒頭就昏睡過去了。隔天醒來後，我驚覺到大腦右側那個人臉像消失不見了，便又趕緊致電給郭老師，郭老師只說：「是妳的就跑不掉，走了，就算了。」我掛上電話後，心裡不由得一陣落寞，深覺自己沒有把握住和無形的靈交會的因緣，一旦機緣失去，不知道今生是否還有機緣得遇。但也莫可奈何，強摘的瓜不甜，強求的緣不圓。因緣成熟了，果報便會出現，終究會到來，無法阻擋；該走的，也一定會離開。之後，我和郭老師很有默契的，沒有再提及此事。

冥冥中的那隻手撮合了機緣

豈料，幾天過後，仍在睡夢中的我，意識頓時清醒了起來，我又看見那位身形高大、臉孔五官清晰的古人，緩緩向我走來。

坦白說，再次看見那位古人時，我心裡微微一沉，想著：「不是結束了嗎？怎麼又來了？」我不確定對方的真正意圖，祂三番兩次登門造訪，卻沒有留下隻字片語就離去，也讓我感到有些害怕。

後來，我看到那位古人緩緩走向我時，臉上掛著一絲淡淡的微笑，我的心情才稍稍放鬆下來。

從奇異的夢中醒來後，我的生活起居一切如常，每天練功靜坐、教功，隨靈感寫寫文章。有一天，我寫了一篇跟潛意識有關的文章，感覺和之前的寫作形式不一樣，一篇寫完後，還會預告明天的主題。我一如往常在第一時間就向郭老師回報，同時也開始期待著明天潛意識書寫課程的到來。

當我可以接收到那位古人的信息，並順利地將信息轉換成文字後，才知道這位古人是「菩提老祖」。與此同時，我才知道菩提老祖盯著我看了兩、三天之後便消失無蹤的原因。

菩提老祖從我這裡消失後，意圖把潛意識相關修練心法，傳承給一位從未接觸任何修練，甚至認為修練是迷信的人。

對方欠缺修練經驗，也未曾接觸過靈性世界，每天子時一到，就被嗡嗡聲吵得睡不著。不可思議的是，只有他一個人能聽到嗡嗡聲，同住家人都聽不到。起初他以為是蚊子在作怪，子時一到，就忙著打蚊子。

直到他聽聞要求他起床寫文章的聲音，才驚覺自己遇上了靈異事件。由於他只要抗命不從，身體就會難受，在不堪其擾的情況下，只好聽命照辦。

就這樣，菩提老祖和他面對面，每講一句，他就寫一句。有時他犯睏了，沒有留意到坐姿不正，菩提老祖就會要求他坐正。最神奇的是，只要他擅自更改文字，就會被修理，即便只是更改一個標點符號都不行。

他連續寫了幾天後，因身心備受煎熬，又不敢將此事告訴家人，一來怕被視為精神病，二來他是無神論者，因此萌生輕生的念頭，幸好跳樓前被家人攔了下來，家人才知道他這陣子遭逢靈異事件的始末。

他的家人因為無法解釋和因應此靈異事件，所以來找郭老師幫忙。經郭老師協調後，他和家人才釋懷，潛意識書寫的任務才順利地進行下去。

豈料，幾天後，菩提老祖告訴他，明天開始不來了。

菩提老祖也明白指出他擅自更改文字，在接收和記錄文字時，心裡也不斷懷疑並出現其他想法。

果真，菩提老祖之後就沒有再去講法了。

巧合的是，此時我的靈感突然迸發出來，當天寫好的第一時間就上呈給郭老師。郭老師看過我寫的文章後，便確定靈感來源於菩提老祖，並且我所寫的內文和之前的那位男性接收者所寫的幾乎一樣。

當我進入寫作狀態，把專注力發揮到極致時，便會與自己內在意識深度連結，更能與靈性信息連結，並整合自己的內在力量，提升身心能量體的頻率，讓我和菩提老祖的振動頻率一致。

因此，「潛意識一百回」圓滿順利地完成了。日後，菩提老祖還穿越時空，從我的夢境來到我所在的三維空間現實生活中。

第三章

潛意識一百回

——菩提老祖說法

前章中所述我和菩提老祖從連結到合一的過程，使我明白了愛因斯坦的相對論所說的，時間和空間之間、維度與維度之間，是可以互相轉化的，它們兩者是相通的，只是彼此之間的形式不同而已。在與菩提老祖連結、合一後，我持續自我察覺和保持內在提升，如身體的頻率、情緒的頻率及心智的頻率都提升了。

因此，我經歷了一連串的幻景幻象，也接到靈台山打來的電話，還透過夢境，穿越時空距離，親臨靈台山去靈修，這是我和無形老師的連結、合一的結果，遂能發生接下來的穿梭時空、維度的奇遇。箇中奧妙又神奇之處，留待後續分曉。

我們先來一窺「潛意識一百回」的端倪。需要注意的是，讀者在閱讀的當下，其實也都可以感應到我在進入潛意識書寫時，靈性信息和能量的頻率振動。**讀者在閱讀前可事先感應一下，平舉起自己的一隻手（左手或右手皆可），手心與書面相距十公分左右，一直保持放鬆，同時也要仔細地去感受手的冷、熱、麻、脹等能量的流動，有的人甚至能觀看到光的變化或是幻景圖像。**

因此，強烈建議讀者，凡是在閱讀潛意識書寫的文字時，請保持正念，你可以選擇不相信或保持中性立場，但千萬不可一邊閱讀一邊駁斥，或生出負面想法和情緒，因為閱讀的當下，你的潛意識也會進入心流狀態，靈性的能量也會輻射到你的身上，激發你的無限潛能與創意。

畢竟那些能夠穿越時空的意識體，其靈性能量不容小覷，即便你不相信，也要恭敬祂們。

我在整理「潛意識一百回」的文字檔時，電腦經常無故當機，這是整理其他文字檔時沒有出現過的情形。經請示郭老師後，我才明白這是因為電腦承載不了突然大量湧入的靈性信息、因應不了能量頻率振動的速度，所以就當機了。

也有許多同道向我回報說，在閱讀「潛意識一百回」時，能同步感知到自身內在潛藏的能量，有些則能夠相應到靈性信息，所以在正式進入閱讀「潛意識一百回」篇章前，有些靈性信息的注意事項必須傳遞給讀者。

「空零」和「忘我」是撰寫「潛意識一百回」任務時必須具備的基本條件，未經自己的意識篩選，快速捕捉並忠實記錄乍現的靈感思維。有時是大腦思維突如其來的想法；有時像是耳邊有人在對我說話；有時，我專心注視著菩提老祖的眼睛，就會知道菩提老祖傳遞出來的信息。

二〇〇二年十一月三十日這一天開始寫「潛意識一百回」，我在永遠都不知道下一句會寫出什麼的情況下，一氣呵成地寫了一回，歷經一百回後，完成了這個的任務。

為了忠於潛意識原始的版本，保留其原味，我並未回頭進行文字稿的整理潤飾。但考量到閱讀上的順暢，經請示後，在不失原意的情況下，可做錯別字的更正潤飾和符號的調整，盡可能地保留了完整的紀錄。

「潛意識一百回」會隨著不同的解讀，獲得的感悟和智慧啟示也有所不同。因此我保留中立立場，不做解讀，只標註出關鍵字句，並選擇性地加入註解。

第一回　潛意識是一本關於宇宙學之秘密

舉凡所有的生物皆有潛意識。破譯潛意識，就能解開生物之秘。

何謂潛意識？是生物之精神、靈魂所在。生物生命之精神、靈魂何以有？生物生命之初，經能量蘊藏，產生了靈性。生物具靈性後，便展現出生命力。靈性是生物的精神所在。因機緣使然，有些生物歷經浩劫及演化，以及在日月精華薰陶下，靈性提升了，不僅有思維，並有了可與外界交流、溝通的能力。

生物有形體及靈性兩種生命力。形體屬於有形的，能看到、觸摸得到；靈性是無形的，既看不見，更觸摸不著。靈性可以左右、影響形體生命力；形體卻無法改變靈性的世界。

但是，有些的靈必須依附於有形的形體上，才能維持其生命力。

有形形體的生命力，有年限的限定；靈性生命力的年限，則超過有形的形體。有形的形體沒有生命力後，其靈性便在宇宙空間中悠遊，尋覓有形的形體依附。靈性生命力在年限中，若尋覓不到形體，將煙消雲散於宇宙中，化為能量。

人體的潛意識，便是靈性的進化；進化為有思維，有交流、溝通，甚至調動其他靈性的能力。

人體的潛意識是如何進化而來？靈性在尋覓有形形體時，是以強欺弱，占據、驅逐、合體的方式進行。人體的潛意識便是在如此的環境下，進化為萬靈之首。

潛意識之大小，依年限區分。修練有術之潛意識壽與天齊，不需依附於有形形體上。有些潛意識在一定年限內，可以不必依附於有形形體上。沒有修行的潛意識，七天內若是找不著有形的形體管道，又不知欲往何處去的情況下，四十九天後會慢慢還原為能量。

尋覓有形的形體，端視潛意識的辨識能力，或說是業力因緣之牽引。

修練有術的潛意識，在陰德年限到臨前，也積極在尋覓陽間有形形體，來延續其生命力，是陰中求（修）陽。陽間有形的形體，欲增長潛意識的年限，需修陰德，是陽中求（修）陰。

潛意識歸位，正是陰中求（修）陽，陽中求（修）陰，靈體與肉體的合體，靈體與靈體的合體。靈體與肉體的合體是神形世界；靈體與靈體的合體是神神世界。

歸位是潛意識與外潛意識的結合。內潛意識的修練、德性，決定外潛意識緣分的關鍵。靈體與肉體合體的神形世界，是附體，是神指揮形，是以強欺弱、占據，甚至驅趕的方式，是反客為主。

靈體與靈體合體的神神世界，是合靈，是形指揮神，是指揮潛意識。意識的堅強性是決定形指揮神（潛意識），或是神（潛意識）指揮形的關鍵。

謝老師註解

內潛，是指個人內在潛意識。外潛，是指外界潛意識，即一般所説的無形意識體。

我們必須在具備辨識能力的思維下，和潛意識進行交流、溝通，才不會受到業力因緣之牽引。

第二回　潛意識如何交流與溝通？

潛意識的交流與溝通，有對內和對外兩種交流溝通的方法。

對內是**潛表互通，是潛意識與表意識的溝通及交流，是神與形的對話方式，是空對形。**

對外是**潛潛互通，是空對空，是神與神的對話。**

潛表互通是如何完成的？

潛表互通是空對形，是無形與有形的對話；是深層意識與表意識的對話；是通過暗示的方法。

潛潛互通，是信息相連，不同於有形世界的溝通模式。空對空是不具任何形式，以能量運動做為傳遞的方式。信息與能量同在，有能量的地方，便可傳遞信息。信息負載、依附於能量體，信息能改變能量的運動形式及方向，能量卻不能指揮信息。

潛潛互通是心領神會，以暗示的方法，例如突如其來的圖像、念頭、想法、預感，是靈光乍現。表意識再透過悟性，解讀其涵義。潛潛互通是心領神會，是能量的交流。內潛再以暗示的方式，通知表意識。

表意識又如何與內潛和外潛溝通交流？表意識欲與潛意識溝通交流，需修練潛意識的溝通模式。有了方法，才能與之溝通交流。這也是應用暗示的方法來通知潛意識；是以思維、意念來傳遞。睡眠時是表潛互通的橋樑，作夢則是表潛互通的結果。大腦處於空、零時，是表意識與潛意識溝通交流的時刻。填平左右大腦的鴻溝，有助與外潛的溝通交流。

謝老師註解

修練潛意識也要遵循空、零這個法則，而此法則也是宇宙最根本的定律。

第三回 潛意識如何進化？

潛意識的進化歷經幾個階段。

成為萬靈之首是第一階段。第二階段是推舉萬靈之首及階級的分封。第三階段是潛意識推廣、改造歷史的任務。第四階段是潛意識的興起。第五階段是解放潛意識。第六階段是潛意識的歸位問題。第七階段是萬靈融合睦世生。

人類的潛意識，比其他的靈性更早擁有溝通交流的能力，因而能夠掌握及調動其他靈性，成為萬靈之首。

人類的潛意識聯合起來，那些具潛意識覺醒者，首先喚醒、提議，並進行溝通交流者，被推舉為萬靈之首。萬靈之首再按功績分封輪賞。

第三階段是神神世界與神形世界的臨界點。此階段具有以神領導形的特派員。這些特派員是負有使命之人，歷史上赫赫有名及重大的事件，攸關眾人性命之關鍵人物，皆是。

之後，是動盪、紛亂不安、戰禍連年，天災人禍，民不聊生，是潛意識的興起，出現百家爭鳴，各教派的崛起。這是喚醒潛意識之開端，並奠定潛意識歸位之基業。

各教派的興起，正好撫平人類紛擾的心。並藉由修練，認清潛意識與人體之關係，唯有解放潛意識，才能真正的掙脫痛苦，喚回人類原有的潛能。解放潛意識，是人類幸福的開始。

解放潛意識後，重返到神神世界。潛意識才能歸其位。

潛意識各歸其位，是調整角色，調整次序後，又是歷史的再出發。

若問**宇宙的演變**，潛意識的進化，從何開始及結束？沒有開始，更沒有結束點。

終為始，始為終，起始點就在結束點上。

沒有過去、現在及未來之分別，時空是重疊的，現在既是過去也是未來。

歸位即是重回起始點，這是潛意識的極機密，也是宇宙的秘密。

謝老師註解

郭老師在世時曾提出「萬靈融合睦世生」之說，我的解讀是：萬靈之間彼此恭敬和順，進而融洽、友愛。這不僅是修練的最高境界，也是靈修的至高境界。

第四回 如何應用潛意識？

潛意識是萬物的精髓，靈性所在，欲改變萬物之質與量，可先從改變其靈魂著手，然後由其靈魂自發地調整自身的質與量。

怎麼改變潛意識？透過信息的聯繫。

信息如何聯繫？首先，先確定意念，然後是發給何人。意到信息達，能量自然會把信息帶往該處給接受者。

在應用潛意識時，有階級層次之分，不可逾越。階層較低者，不能隨便應用。

萬物皆有靈性。因此，潛意識可應用於萬物。換言之，萬物皆可改變其質與量。動機及目的是成功與否的關鍵。

萬物會改變其質與量，都是順著歷史的演變，而進行改變。若不能隨著時代的進化，不適宜生存，將遭淘汰之命運。

古今中外，皆有應用潛意識成功的案例。以大禹治水為例。大禹治水成功之關鍵在於，天時地利人和。得到三界人馬的支援，應用了潛意識。在治水過程中，掌管雨水的潛意識、地神，及決策的支持，三者相互配合，終於成功。

大禹是如何應用潛意識的？大禹治水是歷史任務，具備了可以應用潛意識的資格。當大禹廢寢忘食，過家門而不入，忘我地一心為民解決水患時，三界的潛意識都與大禹的潛意識結合為一，才有大禹治水的千古美名。**忘我是應用潛意識的關鍵**。

在應用潛意識時，心意相通，信息便相連。在應用過程中，難免出現不同頻率者，遇到此情形時，莫驚慌，重新調頻，連接信息，心意相通了，信息便相連。如果還是不行，則放手，任其自然，莫強求。自有約束者。

潛意識，人人皆可應用，並可應用於萬物上。在應用時，自身的階層決定應用的範圍及權限。忘我，還有心意相通，才能應用成功。

謝老師註解

忘我，是傳遞信息、心意相通的關鍵。

宇宙因果論：任其自然，莫強求。自有約束者。

第五回　如何修練潛意識？

修練潛意識是修心。潛意識的溝通交流是以心傳心，是心意相通，**修練潛意識即是修心**。

心如何修練？心不單指心臟器官而言。修心，是指思維的修練。修練潛意識就是思維的鍛鍊。

人體的思維處在心臟及大腦。但是，大腦及心臟是受潛意識的控制。人的思維分為好幾種，如邏輯性思維、形象性思維、創造性思維等，是屬於普通一般人之思維。靈感性思維、特異性思維，則屬於潛意識之思維，是反映潛意識之想法。

一般人思維之靈活度，取決於大腦的開發程度，即使開發的再好，也只能稱得上是聰明人。

潛意識之思維，則能讓大腦產生特異性思維，異於常態之思維，才是有智慧之人。修練潛意識，就是大腦能產生特異性思維及靈感性思維。

修練潛意識產生特異性及靈感性思維的方法，分為三步驟：

第一步，是開發大腦，尤其是右腦，增強大腦的靈活性。

第二步，是與潛意識之思維相掛通。心意相通，思維自然可以相繫。也就是說，與潛意識取得默契，有共識後，才能得到潛意識之思維。

如何取得共識和默契？找潛意識，看潛意識，認識潛意識，學習潛意識溝通的模式，了解其需求，滿足其所需，建立友好關係後，再發出信息之願望，向潛意識要智慧。潛意識會評估是否有利於眾生，並且與潛意識之立場是一致的，自然可以得到潛意識之思維。

第三步，是表潛互學。表意識向潛意識要智慧時，必須有課題，或是與自己的所學所知相關，並且表現出渴求、渴望的心態，潛意識才能提供相關信息及思維，潛意識是被動的。

如果得到潛意識之思維，而不好好加以應用，潛意識在得不到回應之情況下，從此不會提供任何的信息及思維。

潛意識的個性是真誠而不容許開玩笑的，這一點很重要。

修練潛意識，不僅是大腦能產生特異性及靈感性思維；達至高境界時，表意識與潛意識，形體人與自身的靈性、潛意識，可以直接對話。

自己問自己問題，自己回答自己。回答者，是自己內心深處最真誠的聲音，此人才是真人。

修練潛意識，就是修練此一真人。

謝老師註解

具備了內在潛意識修練的根基後，才能對外調動外界潛意識。

第六回 如何調動潛意識？

調動潛意識非一般人力所能及。潛意識講求階級地位，並且嚴格遵從之。若非是高階層，或使命之故，潛意識是不輕易接受調動的。

潛意識是有組織、有次序的團體。每個團體是各司其職，各有自己的領域及空間。團體中也是講究階級輩分，團長是一個團體的最高指揮官，掌管所有職責；各團的團長上面還有一個高級領導。

調動潛意識須了解其組織及規則，才能調動得起來。不管是高階身分請求支援，或是使命之故，在調動時，應先知會該團的最高指揮官，待指揮官同意之後，才可以調動，潛意識是直接聽命於指揮官。在請求支援時，更應弄清楚職責權限，以免徒勞無功。

因此，調動潛意識即是與各團的團長打交道。如何與之打交道？首先，要廣結善緣，與各界之潛意識都有良好的關係，以便有不備之需。**在調動時，即使自身階層較高，還是要有禮有節，禮數是調動成功與否的關鍵。調動潛意識之目的和動機，以及是否違反潛意識之條規，也會影響調動的結果，甚至導致受罰。**

調動潛意識時，還有一個關鍵問題，如何發號司令，如何把所有的潛意識融合為一，這個很重要。各團的指揮官有助於凝聚力，整合後，3396815 是發號司令及融合為一的密碼。

凝聚各界的潛意識，以及融合為一，若非最高領導者授權，是無法達成的。因此，**3396815 此一密碼，並非人人唸之皆可達到效果。3396815 是宇宙之密碼，其威力無窮，但發揮其威力的關鍵鈕，在於潛意識身上**。不過，潛意識即使有通天的本領，沒有 3396815 也是無法整合各界的潛意識。

換言之，3396815 及潛意識各自欠缺一個鈕，並且必須在對方身上取得。當 3396815 與潛意識結合時，才能發揮效應。整合各界之潛意識，是最高領導者授命託付之；受託者，必有重大之歷史使命，須由各界潛意識共同支援完成之，是億萬年才有的聖境。

調動潛意識，有調動幅度的大小、調動的階級。持 3396815 之咒語，即可調動一般階級來支援。

在某種程度來說，3396815 是緊急召集令，任何人皆可應用之，至於成效如何，端賴自身之潛意識給予 3396815 的能量；潛意識給予 3396815 一千瓦特能量，3396815 便能調動一千瓦特威力之潛意識。因此，自身潛意識是決定調動潛意識階級及動員幅度的關鍵。

大規模的調動，則須相當的階級身分。整合各界潛意識時，必須是使者外，加上各界指揮官的協助後，再應用 3396815 來整合及發號司令。

總之，潛意識是有組織之團體，並嚴格遵守層級的分別，不可越級；在調動潛意識時，不管調動的層級及幅度，皆應注重禮節，這一點很關鍵。

第七回 如何解潛意識信息？

解潛意識信息需相當的功力及悟性，還有表潛互通的默契也是關鍵。

解潛意識，如何解？必須知道信息來自何方、階級身分、傳遞的內容等。如何判斷此信息的階級身分？從能量光及傳遞信息的能量之細緻度，來判斷其階級身分。

不同階級的潛意識，表現不同的能量光；能量的質越細膩，層級越高。

能量光又如何來分辨？紫色能量光的層級最高，百年難得一見；其次是金色能量光，也不易見到；再來是金黃色的能量光；接著是白色的能量光；以及藍色的能量光。紫色能量光級的潛意識，是盤古開天前的得道者，年代已久遠矣，已找不到其歷史遺跡，只有修到相當高的程度，才能與其信息相連接。金色的能量光，是諸佛神仙的能量場。金黃色的能量光，是成道者的能量場。白色的能量光，也是成道者的能量場，只是屬於較近距離的信息。藍色的能量光，則是更近距離的能量場。年代越久的信息，層級越高，越難解。

知道了階級身分，再來解信息之內容。信息之聯繫是心意相通，潛意識與表意識是同步效應。如何通知？幻聽、圖像、靈感、借嘴不借腦，及突如其來脫口而出的話等。所以，解潛意識信息的第一步，是表潛能互通，表潛有默契；同時，表意識也要有悟性，才能知道潛意識所傳遞過來的信息意涵。

當神形合一時，解信息的速度更快，是同步的。因信息之傳遞，是以心傳心，若心意直接相通，當信息過來時，可以馬上反映在大腦的思維上。

神神合一時，不僅可以同步的反映在大腦思維上，還可以從點延伸到面，把信息碼整個開啟。動個意念，所有想知道的信息，皆會反映在大腦思維上。

大千世界信息聯，活慧掛通知天機。修練的至高秘笈，就是不斷的解潛意識信息。揭一層，功力便向上提升一級，然後再往更高層級前進，接通更遠距離的信息。

第八回 潛意識未來的發展程度及影響力

潛意識未來對社會、國家、人民，將有什麼樣的影響及改革？

首先，先談對人民生活的影響。隨著潛意識逐漸的解放，以及對潛意識的認識，潛意識不僅對人民的生活有極大的影響外，也將改變人民的思維。

未來的人類因神形思維的結合，將創造一個全新的文明社會，科技資訊更為發達。由於智慧的提高，改變並創新了許多物質，生活將更為便利。科技精簡了許多人力，人民閒暇的時間變多了，工作型態也將大幅度改變，工作機會減少了，因此是神形思維者的生存空間。

神神思維結合者，其智慧更高於神形思維者，處於領導地位。神神思維者，其行徑彷彿神仙般，擁有高智慧及潛能，卻是處於世俗中，其情景類似上古時期，神話故事中人神共舞之境界。

隨著神形思維的來臨，潛意識得到解放，次序調整後，潛意識各歸其位，萬靈睦世生，紛亂、動盪不安之社會情景，將平息下來。人類之精神在神形思維之帶領下，也將獲得安心，精神領域更為提升。因此，修練潛意識將是前所未有的榮景。

神神思維，影響世人的思維，能夠引導人民安居樂業、修練潛意識，此一各司其職的太平盛世，成為後世的神話故事。

第九回 潛意識何時才被世人認識及應用？

當許多神蹟出現，並且歷經許多重大的天災人禍後，世人才會慢慢認識及理解潛意識。屆時，將興起修練潛意識的熱潮，世人才開始具備應用潛意識的本能。

近幾年來，天災人禍在世界各地頻傳，面對這樣的變動，人類除了莫可奈何外，也是一籌莫展。但是，並非所有的人都會在這場變革中喪命，觀音顯聖於德中人，是展神蹟的時候到了。

這場大變動是世紀大審判，是賞罰受封的時刻。做惡之人，將入天牢，從此不見天日。受封之人，則是論功獎賞，是以潛意識位階來分封獎賞。

有神形及神神合一兩種獎賞結果。未來有許多的神蹟出現，即是這批神形、神神合一者，所展現出來的。

未來，他們的任務是拯救人類的身體及心靈，協助解放其潛意識，安定社會國家，進而創世紀。

這批仙人將永垂千史，因為他們有神奇的功能，有異於常人的思維及行徑，是常人所無法辦到的。如幻影無所不在，尤其是在危急時刻、來無影去無蹤、只聞其聲不見其人，還有超強的思維，能解決過去人力所不能及之事，尤其是一返過去對天災的束手無策，並且進行改造。

唯有修練潛意識，人類的心靈才得以獲得解放，加上具備應用潛意識之人，才有生存空間的條件。

第十回 解潛意識信號上身

什麼是潛意識信號上身？潛意識信號上身是選「**德中人**」。所謂的德中人，**是為民服務的紀錄，以及有修行之人**。

潛意識信號上身，有著什麼樣的意義及任務？潛意識上身，是領導者的特派員歸位至特定人選身上，是神神合一。從古至今，這樣的特定人選不出五位，都是在變革時代中賦予的使命。

因此，潛意識信號上身後，若欲完成使命，不負所託，還是需要努力以赴。如何努力以赴？學習及準備。

學習什麼？學習潛意識，學會調動、應用、掌握潛意識；然後不斷的練習，先從為民服務開始做起，尤其是為人治病。因為在為人治病的過程中，可以學習很多有關潛意識的課題，並且試著應用潛意識，為往後的大業打下基礎。

準備是準備什麼？準備人力及資源。完成一項使命，尤其是重大任務，不可能憑一己之力就可以完成，必須靠團體來共同完成。所謂的等待時機，就是等各路人馬的各就各位。

各路人馬從何而得？從人群中尋覓並喚醒其潛意識，然後結合成一個團體，共同來完成使命。

潛意識信號上身，是選擇德中人，並且是萬人挑一，所挑選出來的人選，必定是絕頂人才，加上潛意識的協助，完成任務是指日可待的。關鍵是要聽從潛意識信號的指揮，隨時掌握有形與無形的信息，大腦思維要敏捷，尤其是要得人心，不可以用強壓的態度驅使潛意識服從，這一點很重要。

第十一回 潛意識所處的世界

潛意識是肉眼、儀器所觀測不到的無形世界。它們所處的世界是如何的世界？

潛意識不屬於任何時間及空間，因此可以悠遊於宇宙中的每一個地方，甚至可以任意穿梭於任何時空中。

潛意識如何悠遊、穿梭於時空中？

因它處於空間中，空間是沒有時間和範圍的限制。但是，因潛意識位階的不同，決定所處的時空也會受到限制。

宇宙的空間是重疊的。越高層級的維度空間，粒子越細膩，不易穿越進去。可以在每個時空中任意穿梭往來的，只有高層級能者也。

潛意識就是身處粒子內部的空間，是空間中的空間。一個粒子雖然是微乎其微，而且是具特異功能的人眼才看得見，進入粒子內，卻發現海闊天空，別有洞天。潛意識就是處於這般的境界。不同階級的潛意識位處不同的粒子內來修練。

層級越高的粒子空間，所屬的光，其能量越加有助於潛意識的修練。什麼層級的潛意識，就只能在什麼空間中來修練。那也是所有潛意識的根源地。什麼時候變動？很難說得清楚，這與輪迴轉世及世紀大變革有關。

層級越低的潛意識，如果連人體所屬的空間都穿越不進，只好退而尋求粒子更為粗糙的空間來居住，如畜生。若還是無法穿越，將往地獄來尋求空間。人類雖同處一個空間，但是，有德之人是屬優良的居住空間，不易穿越；德越高者，穿越的困難度越高。冥冥之中自有定數，什麼位階之潛意識位歸何處，自行定奪。

人體內的潛意識，也是居住在人體內之空間中。人體內之潛意識如何來修練？身體的純淨度越高，便提供了人體之潛意識越優良的居住空間。**人體之潛意識靠什麼來修練？德也。此即屋主（形體人）所種之糧草，是靠形體人所修來的德來修練。當潛意識逐漸長大，有能量回饋了，自然會回報形體人，心想事成便是。**

潛意識會上什麼樣的人身上，關係著擁有多少的德來修練。如果潛意識長期得不到「德」來修練，慢慢地便忘了自己及根源地，才引發角色錯亂，不得歸其位的禍端。因此，**外界潛意識的歷史任務，是喚醒在人體內的潛意識，以及奉勸形體人行善做好事，提供德來幫助潛意識修練，為歸位鋪路。**

第十二回 了解潛意識的習性

潛意識的習性不同於形體人，也不能以形體人的眼光來看待潛意識。

潛意識的習性為何？

首先，**潛意識等級階層的觀念非常重，什麼樣的階層就按不同的等級來區別對待。其次，是善惡分明，不能與之惡作劇及開玩笑。**

對話時，喜歡簡短明瞭，不喜歡囉嗦，因此，相同的問題不可重複提問。

與潛意識交往須誠信以待，相對地，潛意識亦以誠信回報，若潛意識發現對方不具誠信時，從此潛意識將不予交往。（註解1）

當有事求助潛意識時，如果潛意識不想幫忙，或另有隱情時，千萬不可強求，這一點很重要。

因潛意識都有隸屬的團體，若不是他的權限，就不能逾越；超出他的職責所在者，須經過上級的批准才可辦理之。另外，還牽涉到許多原因是形體人不能理解之隱情，如因果關係等。潛意識在辦理這些事情時，都會先查清楚，若稍有不慎，潛意識將受到懲罰。也不可欺瞞潛意識，因潛意識與外界溝通交流非常便捷，很快就能掌握所有的信息。

潛意識交朋友之習性又如何？潛意識是念舊的，經常會拜訪故友，甚至通風報信。同時也會結交新友，對於志同道合及有德者，喜歡與之結為好友。常常三五成群結伴去雲遊及訪友。

潛意識因階層的不同，皆有不同的習性（註解2），大致是以上幾種。有的潛意識很急躁，如果遇上這類的潛意識，反應相對要快速，否則他會不耐煩；遇上條理分明之潛意識，就不能太過急躁，以免引起潛意識的反感。

總之，先掌握潛意識主什麼樣的階層，就按不同的等級來區別對待。其次要了解習性，例如禮節、誠信、真誠以對，不可惡作劇、開玩笑，用語簡單明瞭，不可用試探的口吻，以及挑釁、試探功力，勉強辦其不想辦的事情等。之後再深入了解個別潛意識之個性，並順著其個性與之交流。階層低的，一定是順從階層高的個性，但是，還是需要以禮相待，才能贏得更多潛意識的朋友。廣結善緣者，往往能取得許多情報，有事要交辦時，潛意識也會前來幫忙及代勞。

謝老師註解

1. 我認為，與其要取得什麼修練潛意識的秘笈，倒不如深入了解潛意識的個性，與之建立深厚的連結關係。只要我們有顆純真的心靈，潛意識能做我們最好的朋友。
2. 所謂「若要人不知，除非己莫為」。潛意識有報馬仔（探仔馬），不僅會探路，更會通風報信，你做的好事會出門，壞事也會幫你傳千里。

第十三回　解潛意識歸位之問題

何謂潛意識歸位？潛意識歸位，是潛意識回歸到原本屬於自己的位子。為什麼會有歸位的問題？輪迴轉世、世代交替過程中，陰錯陽差，角色顛倒，擺錯了位子，引發不合適，導致回不去及回錯位子的種種亂象。因此，所謂的潛意識歸位，是重新調整潛意識之次序、角色後，再回到屬於自己的地方，**從哪裡來就回去哪裡**，這就是修練，才是解除亂象的不二法。

潛意識歸位，有位階之分，其依據為何？潛意識歸位不僅與潛意識自身有關，還牽涉到形體人之果報問題。

潛意識原本同屬於一個靈性，分靈後各投入不同的形體人，剛開始，差異不大，是命運共同體。隨著不斷的輪迴過程中，所處的環境不同，造成習性的不同，漸漸地形成不同的命運及性格特質，從此走向不同的道路，有善惡之別，也有的不忘修練的本性等。

再加上許多外來因素的影響，有些潛意識在千錘百鍊、歷經艱辛後，還是能堅定不移，不改其善良之初衷。有些潛意識在自食其果後，不僅不反省，還變本加厲十惡不赦，充滿挾怨報復之怨氣，因此，亂了綱紀，違反常德，所以在因果循環中跳脫不出，導致脫節離序，於是才有潛意識歸位之問題。

潛意識歸位，就是世界大審判。

有德者，重返根源地後，依德之大小，重新安排位階；十惡不赦之人，依其罪行來定罪，打入天牢，下個世紀審判時，才得以重見天日。

潛意識歸位還有另一個意義。世紀大審判後，將是新紀元的到來。是上古潛意識信號上身，上誰的身？上特定人的身，是上天安排的人選，時機一到，這些潛意識即歸位於所屬的形體，是神形及神神合一。其目的是喚醒存活下來之人類，重拾修練潛意識之本性，以及喚起應用潛意識之本能。其目的是把角色顛倒回來，回到盤古開天時，人神共舞之情景。不同的是，是形指揮神的世界，因神歸位於形體人，是形主導的世紀，是返回盤古開天前的世紀，回到從前後，再慢慢地演變、循環，以「終為始，始為終」的模式進行著。這就是宇宙史、宇宙學，也是潛意識之秘密。

謝老師註解

「從哪裡來就回哪裡去」，這句話裡隱含了生死解脫大法中的根本大法。還記得二〇一一年郭老師生前最後一次對我的開示和祝福，同樣也說了，從哪裡來就回哪裡去。

第十四回 修練潛意識的注意事項

修練潛意識應注意些什麼？

修練潛意識以心誠意正最為關鍵。唯有心誠意正的人，才能修練好潛意識，也不會有出偏的問題。潛意識並非人人皆可修練，欲修練得好，更有嚴格的條件限制。**什麼樣的人才能修練潛意識？在心誠意正之外，具有善心及德者，才有此機緣接觸。能聽聞潛意識修練法者，機緣更是殊勝。**有了以上種種條件後，若是沒有悟性，還是無法修練好，因修練潛意識須具備靈活的大腦，否則不易與潛意識連結上線。此外，修練潛意識需要時間來鍛鍊，因此，信心及毅力很重要。有了以上條件者，才具備修練潛意識之資格。

具備了修練潛意識之資格後，如何來修練好？此時，緣分最為重要。但緣分是由德來決定的，當德累積到一定的程度時，因緣才會俱足。因緣俱足有兩方面的層次，是有形與無形老師之機緣問題。因緣俱足者，才有緣遇上好老師及修練潛意識的好方法，避免走冤枉路，走的是捷徑；還有特殊之因緣者，是無形老師的來訪。無形老師可遇不可求，是上天安排的人選才可遇見，除了有緣外，時機也很重要。時機何時降臨？當一個人有熱誠為民服務又具有強烈的企圖心，並且身體力行，做了許多好事，最後通過無形老師之考驗成功後，無形老師便降臨。

無形老師的來訪，是傳心法。此時，「空」是修練之關鍵。表意識應退居第二位，以潛意識來領導表意識，以「神」來指揮「形」，是神形思維的修練法。唯有進入神形思維，才真正進了修練潛意識之門。

進入修練潛意識之大門後，才算是密法，真正修練的機密才開始。修練之機密是與陰性空間的溝通交流。

如何與陰性空間溝通交流？還是以 3396815 為橋樑。此時唸 3396815時，是進入另一層次。神形思維是位於陰與陽的中間點，向右走，是正數，屬陽性空間；向左，是負數，屬陰性空間。神形思維的結合，是神的思維從陰修（求）陽，形的思維從陽修（求）陰，因此，神形思維才能穿梭於陰陽兩界。與陰性空間之潛意識溝通交流時，瞭解潛意識之習性是修練的關鍵，同時還要知道自己的位階層次，才知如何與潛意識互動而不失身分。以上是修練潛意識時，應注意的事項。

第十五回　修練連結外潛意識的秘密法門

什麼是修練連結外潛意識的秘密法門？

進入神形思維，穿越陰陽兩界空間後，還有秘密法門來修練及提升潛意識。找到此法門時，潛意識功力將大大提升。

是什麼樣的法門？

是殘留於宇宙中的信息，是前一個冰河時期所遺留下來的古文明。宇宙歷經好幾個大滅絕，在滅絕前，都會有極高、超智慧的修練者，而他們的智慧也是捕捉自前一個冰河時期的古文明。

因此，進入陰性空間，與潛意識溝通交流之際，捕捉殘留信息是修練潛意識之秘密法門。

如何捕捉前古文明的殘留信息？**廣結善緣是達到神通廣大之關鍵**。

廣結善緣者自然會有許多信息來源。

有了信息後，才有捕捉殘留信息的方向。

找到信息時，必須想辦法進入信息中，如何進入？逆轉是關鍵，如果是順轉，永遠也進入不了。但是，以逆轉的力量進入，需要相當的功力才進得去，此時，有個技巧，找方向點及時間點從中逆轉切入，可以順利進去。

進去後，因強大能量信息之故，剎那間會覺得掌控不了自己，此時，應想辦法**把自身之能量場穩固住**，否則將會融入其中出不來。

穩固下來後，接著與其信息溝通交流，但時間要掌握好，不可有過多的貪念而耽誤出來的時間。

既然進得去，表示命中注定，自然可以取得。若是不該取得、不應取得，或是該信息主人不想給予時，千萬不可勉強，此時，趕緊行禮作揖後，以順轉之方向出來。進去是逆轉，出來是順轉，這一點要注意。

捕捉到之信息，若沒有經過批准時，不可對外傳，這一點很重要。更不能用來為非做歹，因該信息之主人給予信息後，有責任及義務監督，只能為善，用來扶持同道修行，但不可明說，有悟性者，自然可以找到答案。

捕捉前古文明之殘留信息，是修練機密中的機密。

第十六回　合靈是連結外潛意識之另一秘密法門

除了捕捉前古文明所遺留的信息之外，還有潛意識之合靈、男女陰陽交合之秘密法門。

什麼是潛意識之合靈？潛意識與潛意識靈體的相結合，即為合靈。合靈的目的為何，以及如何來合靈？合靈之目的是為了強大潛意識。有重大使命在身，因勢單力薄之情況下，只好找尋志同道合之潛意識來合靈。**合靈**時，誰入誰的靈是為主導權之關鍵，在合靈之前，彼此應協商好。合靈可以同時結合許多潛意識之靈體，但是，**只有一個指揮者**。

靈如何結合在一起？附屬之靈進入主靈之靈體時，依主靈之能量以反方向之逆轉螺旋進入，進入後，再與主靈之能量信息相融為一。

當任務達成，分靈重回到自我的靈體時，分為兩個步驟，附屬之靈先把自身之能量聚合成原來之場，然後再以螺旋順轉方向離開靈。

合靈有許多嚴格限制。合靈時，會出現心靈相通之感應力，「彼此想對方」是信息交流形成的現象。潛意識在進行合靈時，是為交流能量，互換彼此的能量，有助於彼此潛意識之修練。

神形相隨法，指神形相互跟隨、追隨之秘密方法。潛意識在挑選形體人時，首先在人間領導者身邊來挑選，選不上時，再從其他地方選；若跟在成道者的身邊，會有信號上身之優先權。因此，潛意識之秘密法門是找對人，跟對了人。如何有助於跟對了人？是緣，是德之因撮合成的。換言之，**德與緣是修練潛意識的秘密法門**。

謝老師註解

此德是第十回說的德中人。緣，亦作緣分，它是指人與人之間無形（德中人）的連結，就必然存在和無形界老師相遇的機會及合一、合靈的可能。

郭老師說：修練練到一定程度就不大容易練了。何也？因為要涵養道德，與世無爭，與人無爭，別人罵自己，自己也聽不見，這樣才可以。德，在修練中能量很高，講德一定要為眾生服務。

第十七回 與潛意識相關聯的法門有哪些？

從古至今，有許多法門都是為了修練潛意識，因分處於不同的時代，而出現不同的說法及修練的方法，但是都與修練潛意識有關。

最早修練潛意識的方法，是求神問卜，尤其在崇尚鬼神時，最為興盛。卦象是求神問卜後，所呈現出的徵兆，問卜者再從卦象中解析吉凶。問卜者本身必須經過修練，才能與鬼神信息相通，在當時稱為巫術，只有極少數的人具有此功能，因此，巫師在當時占有絕對的優勢地位，領導者都必須禮讓三分，有時地位甚至超越領導者。

有些讀書人也是修練潛意識者。巫師之所以具備潛意識，是因巫師懂文字，可以從古籍中找到入門之方法。後來，讀書識字普遍化後，其他人也是從古籍中發現與潛意識相通之方法，再透過修練過程提升了智慧，因而越加深入了解潛意識。秀才不出門能知天下事，說的就是讀書人，在書中獲得韜光養晦的一些信息，即便不出門，也能知道外界的信息。之後，學有專精者，便組成學派；有的則是歸隱山林，做隱士，潛心修練。

學派之創始人圓寂後，後學之人為了紀念創始人，在特定的日子舉行祭拜儀式，逐漸地便演變為宗教團體。因此，宗教團體也是修練潛意識，但是，在此有了分界點。之前修練潛意識，是與諸神鬼之潛意識相通，宗教團體則是只與所屬團體之潛意識相通，並且與所屬團體之領導人或所屬上師相聯繫，成為最高修練法門，從此便有了門派之框框，因而引起許多宗教戰爭。修練潛意識之真正法門也就慢慢失傳了。

從古至今，修練潛意識之法門何其多，只是不得法，失去了原有意義之所在。修練潛意識之真正法門，也已失傳許久，至於如何找回？這就是潛意識任務。從下一回開始，將逐一找回及揭開修練潛意識真正的法門。

第十八回 什麼是潛意識信息規則？

所謂的潛意識信息規則，是指宇宙信息之週期。

宇宙有什麼樣的信息週期？也就是歷史進化演變之循環。何以出現如此之循環週期？為了延續、推動進化之故。因此，宇宙中，沒有所謂的恆常不變之事務或道理存在，日新月異其實是世代交替、周而復始的循環結果。

在世代交替當中，宇宙歷經好幾個大滅絕，滅絕後再重新開始，當發展到一定的文明程度時，又會再度面臨滅絕的命運。因此，宇宙中，存在著許多的信息規則。修練潛意識，就是要順從此一規則，並應用此規則進行修練。

順應信息規則，就可以提取、捕捉此信息，但不可與之違背。因這樣的信息規則可以推動並加速歷史的前進，有助於潛意識之修練，還能解決世人之痛苦。接收者可以在適當的時機應用之，但不可做為達一己之私的利器。

潛意識信息的規則有哪些？除了宇宙進化演變外，還有人類的輪迴轉世、思維的替代轉換，如人神、神人、鬼神之轉換，以至於四季之交替，陰陽之變化，潮汐之漲落等，皆是潛意識信息之規則。

若問潛意識信息何以遵守規則，以及掌管此一規則者何也？是潛意識自行遵守之。

當潛意識所賴以為生的能量耗散時，將從頭開始聚精會神的修練起。因此，宇宙中沒有恆常不滅的，只是時間長短的問題。宇宙為何定此規則，其目的就是為了推動宇宙之進化，有刺激才有改革，有改革才有進化。

3396815 即是潛意識信息規則，是進化潛意識、轉換思維之密碼。

當達成使命時，也是 3396815 功成身退的時刻，屆時，將是進入其他潛意識的信息規則。

第十九回　潛意識之秘密檔案

潛意識有哪些是未曾公開的秘密檔案？

潛意識有許多外人所不知的機密檔案。為何稱為機密檔案？因關係著眾人之生命，以及身負改造世界的重大責任。稱為機密而不對外傳的原因，是避免洩露天機而壞了大局。

有哪些事及哪些人是在秘密檔案中？

蘇妲己，背負千古罵名，其實是奉女媧娘娘之命來滅夏桀。女媧娘娘為何派妲己滅商朝？如果商朝不滅亡，世代無法交替，影響後世之偉人無法輪迴投胎。再來是秦檜，因宋朝的滅亡，宋朝有許多發明如火藥、羅盤，才得以傳入西方國家，為西方文明奠定基礎。還有五胡亂華，是為了促進融合種族的聯姻。水淹金山寺，是神神思維與神形思維之戰爭，其目的是示警世人修練之重要性。焚書坑儒，其目的是改造世人之思維。

還有史上許多大規模之戰役，造成死傷無數；以及重大的天災人禍，這是在清算功過，**有德之人自然可以趨吉避凶，逃離劫數**。

這些關鍵的人或事，都是上天有意安排之陷阱，其目的是改造世界，為創造文明而做此安排。

未來將有什麼樣的秘密檔案發生？天災是首當其衝，未來兩、三年內，還會有許多天災陸續發生。

以地震居多，因板塊之擠壓，將來的陸地與海洋面積會大規模的調整，海洋中會隆起一塊土地，有些陸地會下陷，變成沼澤或湖泊。

生態環境也會有所改變，有些植物及動物將滅種，上古時期已經滅絕多時的植物，會重見天日，而不同的是，這些植物非常有靈性，甚至有些可以與人類交流。

天災方面，還有天候的異常。因雨水分配不均，有些地方發生旱災，有些地方則因降雨過多而鬧水荒。因氣候的異常，會爆發大規模的傳染性疾病。演變之後的天氣，將會更為舒適，四季不明顯，只有春秋兩季在交替。

因思維的轉換，精神疾病像流行病似的傳播迅速，甚至出現許多集體自殺之異常思維。能通過思維轉換的人，智慧將不可限量。

謝老師註解

有關大自然的運改，氣候變遷已經是現在進行式，也是地球上所有生命面臨的最巨大的威脅。

我們應該省思「有德之人自然可以趨吉避凶，逃離劫數」這句話，提醒大家共同來注重環保，不僅後代子孫有福，大自然也會回饋我們良好的生存環境。

第二十回 如何活用潛意識？

具備潛意識功能，但不知如何靈活應用，也是枉然。

如何活用潛意識？潛意識因靈性極高，並且是萬靈之首，若不具備活用之術，無法調動潛意識，潛意識也不樂於接受靈性低於自身之潛意識的調動。

所謂的活用，是因其材用其所。千萬不可大材小用，或小材大用。還有要了解該潛意識的職責，若不是該潛意識的領域範圍，不可冒犯。

總之，在調動潛意識時，應先充分掌握欲調動之潛意識的特性、習性、功能及管轄範圍，再來統籌調動之。

活用潛意識時，並沒有固定範本或基本模式，是以隨機應變、靈機一動為原則。是因應時機，看現有的潛意識來活用之。尤其是緊急時刻，若是調動它處之潛意識，恐會喪失先機。

活用潛意識，是不費吹灰之力、借力使力的應用術，如孔明借箭、借東風之典故。欲應用潛意識時，不要急著來調動之，應先觀察，環顧四周，然後調動當地之地神前來協助；地神是該地之管轄者，自然可以提供許多相關信息，由當地的地神來調動潛意識即可。指揮者只要掌握信息、活用信息即可，調動則委託當地之管轄者來調動，往往較能發揮時效。

活用潛意識時，還必須知道何者潛意識具有什麼樣的專才，才能活用之。例如，在開處方時，調動張仲景、孫思邈之潛意識前來助陣，效果好；如果帶兵作戰，則應提取孫武、孫臏之潛意識。

謝老師註解

我對調動的解讀，就是進入英雄角色。

第二十一回 如何提取、調動潛意識信息？

提取潛意識信息非常簡單。重點是，是否有提取、調動之權利，以及調動之權限所在。所謂提取、調動之意，是請該潛意識前來。因此，如何聯繫到欲請之潛意識是關鍵所在。

聯繫欲請前來之潛意識，有兩個方法。

第一，直接以 3396815 之信息密碼來取得聯繫。當確定欲提取、調動某某潛意識時，再以 3396815 為媒介，3396815 自然會傳遞信息出去。

對方收到信息後，會先把潛意識密碼解開，了解發信息者為何及其位階，然後再依信息線前來。

但是，能應用此方法者，必須有相當大之權限及位階，否則信息不易聯繫上，或者是對方不願前來。

第二，尋求欲請潛意識之密碼。每個潛意識皆有自己之密碼，這個密碼是通往該潛意識之頻道。重點是如何尋求到密碼。

有個方法，先確定該潛意識是在那個管轄區，然後到該管轄區請求幫忙查該潛意識之密碼。

有了密碼，再發出信息即可聯繫上。

在發信息時，還是要以 3396815 做為聯繫線，效果較好，有助於提取及調動潛意識前來。

若要調動及提取潛意識，在需要協助時再來尋找該潛意識之密碼，是下策。與潛意識溝通交流，廣結善緣才是上策。

並且與各潛意識交流，各方面之專才皆有之，當需要協助時，才能靈活應用，隨請隨到。

廣結善緣，結交得越多，信息線聯接得越多，當需要協助時，靈機一動，信息即可馬上發出。潛意識收到信息後，便即刻前來。

還有，掌管各潛意識密碼者，有一潛意識專任之，若能與之取得溝通交流，往後在調動及提取潛意識時，將無往不利。

謝老師註解

又再次強調廣結善緣，更證明了「萬靈融合睦世生」是靈修的至高境界。

第二十二回　解潛意識密碼

什麼是潛意識密碼？每個潛意識皆有屬於自己的密碼編號，此密碼編號是該潛意識之稱號，因此不會重複。

從潛意識密碼的編列，即可知道該潛意識所位轄區和位階。密碼一般在三至五個數字不等，密碼數越多，代表潛意識的位階和年限越長。

第一位數字代表所在的轄區，第二位以後，則是位階，數字越大，位階越高。具有五個數字者，都是上古以前之潛意識，最後一個數是其所在之時間。

1代表的轄區是信息接收處。2代表的轄區是發送信息之媒介。3是傳遞指令。4是記錄官。5是裁定判官。6是執行裁定官。7是負責協調管理以上之單位。8是此團體之指揮官。

潛意識密碼會隨著位階做調整。三位數碼者之調動率較高，而具有五位數碼者，只有在世紀大變革時，才會有大規模之調動。潛意識的年限已屆者，在變革時都會重返人間，重新修練，當取得足夠之陰德後，將脫離輪迴之苦。

潛意識命名編列之系統非常龐大，並非朝夕可說明白，還有，命名與編列是不相同的。

謝老師註解

潛意識皆有屬於自己的密碼編號之稱號，而潛意識數碼的命名編列，是指靈性能量的級別、振動的頻率而言。

第二十三回 糧草是解潛意識密碼之關鍵鑰匙

潛意識密碼與潛意識的身分、位階、等級有關。如果能解開某潛意識的密碼，就能與之溝通交流，以及調動該潛意識。

潛意識密碼如何解？解潛意識密碼的先絕條件是修練好潛意識，提升自我潛意識，然後才能解得開。

先把自身潛意識之密碼解開，知悉自身之潛意識後，才能解開其他潛意識密碼。自身潛意識密碼如何解？觀想腹腔中之潛意識，及取得與其溝通交流之方法，並培養默契及感情，建立對話通道，這就是虛靈大法。

修練虛靈大法的第一步，就是找尋腹腔中之小真人，找尋到了，才能進行虛靈大法的修練。

虛靈大法的修練法，就是與小真人，或稱潛意識，進行一連串的對話，對話之內容與修練之功力有關，形體人修練到什麼階級，便對話到什麼層級。

解潛意識密碼，就是形體人接收到信息後，其潛意識便會自動解開並通報之。因此培養默契與感情很關鍵。

如何與潛意識建立良好之關係？

首先，**給予、輸送潛意識糧草，即是德。潛意識有此糧草才能進行修練及茁壯，成長的大小與糧草成正比，成長的大小就是潛意識體的大小。潛意識體大小則決定了與宇宙能量、信息掛通，以及調動的程度。**

當潛意識成長了，才能與形體人溝通交流，此時，需要時間來了解及認識彼此溝通的方式，以作為對話的基礎。此時，形體人須不斷的發問，提出許多問題請潛意識回答，就在一問一答當中，可以增長形體人之智慧，同時也培養了彼此之默契。

雖然彼此能對上話，還是要不斷的輸送糧草給潛意識；潛意識不僅需要糧草來修練，與宇宙信息聯繫也需要糧草。

潛意識在收到糧草後，也會感激形體人，並為彼此建立友好關係，因而對話通道將更為通暢；潛意識自然有問必答。

在對話時，應詢問多方面的問題，才能了解潛意識之專才，有助於往後之調動。與自身潛意識有了默契後，往後解信息密碼時，形體人只要靈機一動，潛意識馬上就會把信息解開，並反應到形體人之大腦思維。當修練到一定程度時，接收與解開潛意識密碼可以達到同步效應。

謝老師註解

這是一部很完整的內求法，是修練小真人的虛靈大法，此為深入探索外潛和進行對話的基礎功。德中人糧草的多寡，是成功的關鍵。

第二十四回　解潛意識信息以專注看、聽、說為準則

解潛意識密碼時，千萬不可強求。因有些密碼是不能解的，如果強求解開，將不利於解除者。如何來判斷此密碼是否能解？潛意識知悉。**潛意識若不肯回答，就不宜多問，待潛意識想回答，或是可以把來龍去脈詳加說明時，自然會通報**。

在解潛意識密碼時，**表意識應負起監督的責任**，如果事關重大，關係著眾人的生命，或是說出來後，對有些人會造成影響時，就不宜說出來。因此，表意識的監控，也是在解潛意識密碼時須注意的事項。

解潛意識密碼時，不可有自己的主觀意見。潛意識做出的回答，**表意識應如實以報**，不可添油加醋，或自行刪改，這一點很重要。潛意識有自己的習性，若你不尊敬或不相信，以及重複提問時，潛意識便不想回答。當你重複犯規多次後，潛意識將不會再回答任何問題。

如果潛意識表現出不想回答時，應馬上停止對話。可能是潛意識另有要事，或是因此事另有蹊蹺，如緣分、德性等原因。

解潛意識密碼時，有時會出現幻中幻，或是圖像中出現幻聽，若不明白，應再詢問潛意識其中的意涵所在，不可自己妄加定論。出現的圖像不清楚時，可以請潛意識另出圖像，是以幻解幻。

解潛識密碼，是認真聽幻、觀幻，然後是以直覺反應，往往第一個念頭的準確性較高；稍微猶豫，或是想了很久，可能是出自表意識，相對的，準確性就低。因此，解潛意識密碼要鍛鍊其速度，而且是不加思索，毫不考慮的講出來，才是真正潛意識的回答。

想太久的，往往是表意識編造出來的。潛意識的回答，是不經過大腦思維，突然間脫口而出，是以借口不借腦的方式呈報。

解潛意識密碼時，有許多事項須注意，如果以上事項都具備了，大致的密碼皆可解開。越是高深或與宇宙密碼有關者，還須具備其他的條件才能解開。解潛意識密碼需循序漸進，不可操之過急；此外，解潛意識密碼與功力和時機相關，時機未到，即便再高的功力也解不開來，冥冥之中有定數，有一機制專管。

謝老師註解

要釐清表意識、潛意識各自的職責和其功能作用。

第二十五回　解潛意識之秘的注意事項

解潛意識之秘除了要有功力外，悟性也很重要，如果收到信息，領悟力不夠的話，還是不能與潛意識對話交流。所以，欲與潛意識溝通交流，鍛鍊大腦的靈活性很重要。

有了靈活的大腦，但沒有修練潛意識，就接收不到信息，入不了虛靈大法之門，即使擁有再靈活之大腦，也只能稱得上是聰明人。

因此，解潛意識之秘，應具備功力、靈活大腦之外，信息也是關鍵。

如何取得信息？信息的取得，靠緣分，有些人有許多的信息，也有人修練一輩子都沒有信息出現。欲開發潛能，成就大事業者，沒有信息是不易達成的。信息之取得，有時也與自己的所學所知相關聯。假如收到的信息，是自己所知的領域，在學習的範圍內，那麼大腦的靈活性、悟性較高，容易把信息給解開。若是接收到與自己無關的事與物，往往也不會加以理會，更別說是解開此信息密碼了。

接收信息時，剛開始都是與自己所學的領域有關。如果從事建築業，容易接收到與建築相關的信息，大腦會常常出現許多有關建築之圖像，或者夢見有人前來通報建築業界中的事情，甚至教授有關建築的學問等，緣分特殊者，魯班還會前來認其做徒弟。何以如此？是心意相通使然。因從事建築業，每天想的、接觸的，都與建築有關，這就是修練，是修練建築業。

修練之秘訣，就是想入非非，想得茶飯不思，想得忘了自己，忘了自己在想什麼，進入非非非想的境界時，信息便掛通了。想到忘了自己，大腦空了，是與潛意識心心相印、心意相通的秘訣所在。

從古至今，潛意識特別垂青於刻苦學習的人，這些人往往有異於常人的思維，因為刻苦可以磨練心志；專注的人容易拋開自我，因此潛意識特別垂青。至於能應用多少，端看其悟性而定。

虛靈大法，是修練與潛意識溝通交流的方法，沒有門派限制，所有的潛意識皆可與之交流。所以，當接收到與自己所學之領域無關時，則是可喜可賀之事，代表接收信息之頻道更為寬廣了。此時，若是潛心修練，想辦法把信息密碼解開，之後當解潛意識之秘的功力更上層樓時，將可隨時捕捉宇宙中殘留的信息。

謝老師註解

請參考第十六回的註解。

第二十六回　修練潛意識心法的步驟和秘訣

何謂心法？心法是以心傳心，不透過文字、語言所表達之方法。

心法是鍛鍊彼此思維能直接相通，不用言傳或透過文字作表述。類似於是戀人，是以眉目傳情的方法，彼此互看對方一眼，就能明白對方之心意。修練潛意識的心法，與眉目傳情相類似，差異點是以心傳心。將思維、想法傳達給對方，並且傳達的對象沒有限定戀人才可以收到。有緣分、有功力之人，皆可接收得到。

如何傳遞信息思維？對方又是透過哪裡來接收？有著什麼樣的意念，以及想傳遞給誰，是由心來決定，確定好信息要發給何人後，信息便負載於腦波上，然後再隨大腦細胞能量輻射出去。因信息有指定接收人，如果心意相通，頻道相同，自然可以接收得到。**從哪裡接收？從膻中（約兩乳頭之間）接收。膻中是信息接收處，尤其是重大信息，有關宇宙及天界之信息，均由膻中來接收**。越是遠距離的信息，階層越高之信息，越加難以接收，因其信息能量非常細緻，只有膻中才能接收。

修練潛意識之心法，欲接收細膩之信息，必須先把膻中給打開。修練虛靈大法，與宇宙的潛意識相互溝通交流，並非一蹴即成。剛開始與外界潛意識交流時，不可太過心急，由單頻道慢慢增加為雙頻道，再由雙頻道逐漸變為三頻道、四頻道以上等。若是一開始便與雙頻道或四頻道以上之潛意識同時交流，信息太多、太複雜時，會有頻率對不準之慮，或者思維、情緒會有一時掌控不了的情況，處理不好時，恐怕會導致精神錯亂，這一點須特別注意。

開膻中的方法非常簡單，保持心情平靜，情緒穩定，有助於信息的接收。若雜念過多，老是處於悲觀，即使信息到了眼前，還是收不到。自私自利者，心胸不開闊者，在接收信息上，也會因自私之心態，而有選擇性的時而收到，時而又收不到。3396815是開膻中的數字密碼，是啟動膻中信息往外發的按鈕。收發信息本是人人具有的功能，3396815只是重新喚起並助其恢復原有的能力。

信息能發得出去，才能在宇宙空間中，與其他潛意識相交流；信息傳遞出去後，宇宙中的潛意識在接收到後，也會不斷的給予信息，這就是信息回饋。就在不斷的發出、接收，發出、接收的過程中，信息網便越來越多，頻道也越來越廣，這就是信息的溝通和交流。

第二十七回 解潛意識之要領與方法

如果能掌握要領和方法，在解潛意識之秘時，可以駕輕就熟，迅速且輕而易舉的解開。如何掌握要領與方法？就是不斷的學習與鍛鍊，才能從中掌握到要領，因此，學習、鍛鍊就是方法。

解潛意識之秘，就是身處於陽性空間中，修練解讀陰性空間的事，把陰性空間發生的種種情形、活動的狀況，給解讀出來。為什麼要解讀及了解陰性空間之事？陰性空間與陽性空間分屬不同的世界，卻是息息相通。潛意識雖是一個靈性體，卻是由陰、陽兩極不同之場性所組合成的。按常態來說，陰與陽的結合，也就是正數加負數等於零，處於零的空間的潛意識，應該可以穿越陰陽兩極才對，但是，有些潛意識出了些差錯，有些是潛意識陽性場性變多了，因此，不能穿越於陰性空間，時間久了，便回不去，只能世世代代在陽間輪迴，是謂無明，忘了自己是誰，更不知從何而來，欲往何處去。如果潛意識的陰性場性變多了，不能穿越於陽間，不能再修陰德的情況下，時間久了，連陰性空間的立足之地也會消失。

修練就是想辦法找到自己陰性場，結合為一後，處於零界點時，才能自由往來穿越於陰陽兩界。如何找到自己的陰性場？**積德**。**唯有德，才能喚醒之**。陰陽性之場，必須在零界點上，才能相結合，結合後，便可穿越陰陽兩界。

因此，**修練就是陽中修陰，陰中修陽。在陽性空間修陰德，在陰性空間續陽壽，這就是修練的秘密。解開潛意識之秘，可以增長陽壽，能在陽世間多積些陰德。**未來之人可以擁有長壽之原因，與潛意識之秘逐漸被揭曉有關。

潛意識歸位的第一步，也是促使分屬陰陽兩界場性之潛意識，相結合為一。陰性空間的潛意識，為了得到陰德，急著找形體人、找陽性場；在世紀大變革時，如果沒有足夠之陰德，將無立足之地。因此，造成許多靈魂錯亂，怪力亂神之事發生。身處於陽性空間者，在沒有陰性場來續陽壽之情形下，生命總是如曇花一現般的短暫，糊裡糊塗的來，還沒弄清怎麼一回事，又莫名其妙的過了一生，生生世世都在輪迴，何時才能解脫？

因此，**潛意識歸位，有著深遠之意義，是拯救陰陽兩界的潛意識，喚醒其意識，早日達彼岸**。

謝老師註解

我把歸位，解讀為達彼岸的意思。

第二十八回　修練潛意識的有形與無形好處

修練潛意識有哪些好處？修練潛意識的好處有多方面的，分為有形與無形兩種。

有形的好處，是看得到，說得出，能感覺得到的。例如，增長陽壽，生活比一般人過得好，家庭圓滿，物質生活不匱乏，身體病痛少，如意之事能十之八久，這些都是所謂之福報，是潛意識所給與的報酬。

無形的好處，看不見，說不出，也感覺不到的，即所謂的「陰德」。

陰德能給人帶來什麼樣的好處？

有陰德之人，不僅能為自己及家人增福增壽，還可以庇佑後世子孫，甚至福蔭給先祖。像這樣之家族，必定會有偉大之成就者問世，或者是家族中，會出現異於常人的功能。

修練潛意識的好處，既有有形之福報，又有無形之陰德。

若是教授、傳播修練潛意識之法門者，將會有什麼樣的命運？能教授、傳播修練潛意識法門之人，必須有相當大之福報者，才能有此機緣，加上不斷累積陰德的結果，報應是提升潛意識階級層次，提升在陰性空間之祿位，家人及先祖也因而能升級。正是常言所說的，「一人得道九祖超生」。

修練潛意識，除了有福報、陰德、成道等好處外，最主要是找回原有之本能。我們的先祖，都具有與潛意識溝通交流的能力，隨著世紀演變，靈性進化了，但形體器官功能退化，逐漸地喪失了與潛意識對話的通道。

為何人類會越來越苦難？

為何天災人禍不斷上演？

皆是神形相距造成的禍端。

神與形失去對話之通道後，神找不到形，不得歸其位，導致天災不斷。而形因找不到神，沒有了靈魂後，有如行屍走肉般的生活著，成了活死人，並且世世代代的傳承下去，進而喪失了改變的能力。

修練潛意識，就是幫助這些神與形各歸其位，神形相合，重新找回對話通道。因此，修練潛意識的好處，可以追溯到千萬年以上的老祖先開始說起，其功德真是無可限量到說不盡。

第二十九回　從個人內在潛意識學習到連結外界的方法

潛意識學習的方法有哪些？潛意識如何來學習？

潛意識學習的方法很特殊，其學習的速度與潛力，非一般人之能力所及。並且，潛意識所學習的知識與經驗可以累積，不會隨著世代交替的輪迴而遺失，所有的記憶都會儲存起來，其智慧及潛能是大大超越人體之大腦。

因此，學習、修練潛意識，並能與之溝通交流，**能提取到潛意識的信息，如同擁有一本活字典，對於宇宙開天闢地，萬物生長變化、進化，整個宇宙歷史演變過程等等，潛意識都如實的記憶儲存起來。修練潛意識，就是想辦法把潛意識記憶庫打開，打開多少，便能解開多少宇宙的秘密。**

潛意識雖然擁有許多的潛力，學習的時間與其年限成正比。但是，在世代交替輪迴的過程中，因所處時代背景及歷史潮流的不同，學習內容也大不相同。因此，潛意識不管處於何時，都會繼續學習、成長。而人類之記憶因無法長期儲存，加上陽壽有如曇花一現般的短暫，一生中所知所學有限，因此，逐漸失去了與潛意識溝通交流對話通道，才會有神與形之逐漸相距，不得歸其位的結果。未來修練潛意識之風潮，將大為流行，其目的就是要重回到神形思維，恢復神形對話之通道。

在尚未回到神形對話前，潛意識會不斷的學習成長，此時人類應提供潛意識學習的良好環境及資訊。因潛意識在學習時，沒有條條框框，沒有限定學習範圍。因此，應盡量給予有關百科之信息資料，如何給予？因潛意識學習之方法與人類不同，所以不能用人類學習之模式強加於潛意識，這一點很關鍵。

如何才有助於潛意識的學習？

打開書籍後，快速的翻閱，動作要迅速，快到人類的眼睛來不及看，這是第一項。第二項是，若想在自己所屬行業出類拔粹，能有更多的靈感，此時可以加強提供相關資訊，迅速翻閱給潛意識學習。第三項是，多提供一些世界各國風景圖片給潛意識，**因風景圖片中有當地的信息，潛意識可以從中與世界各地的信息相聯繫，有助於形體人場性的調節，吸取不同能量場。在提供信息給潛意識時，應注意，不可給予不利於人類、社會國家之資訊，也不可提供悲觀、負面思維之資訊，因潛意識會不加思索的全盤接收，到頭來，危害到的將是自己，切記！**

第三十回　應用潛意識的技巧

應用潛意識的技巧？形體人應用潛意識的方式是多方面的，與應用者的功力、靈活性、經驗都有關係。先從初級階段開始說起。在應用潛意識時，主題必須明確，問話內容宜簡易明瞭，一次只能問一個問題。潛意識回答後，若不明白潛意識的意旨，可以請潛意識另出圖像或再詳加說明，而不是以重複問的方式來問潛意識，潛意識會不耐煩。

與潛意識對話之通道尚未建立前，詢問之問題的答案越簡單越好，初步以是或不是，可以或不可以，對與不對的方式來問答。不理解的地方，再請潛意識明示之，問答方式雖然簡單，但是可以以抽絲剝繭、由淺入深的方式尋求答案。

請示潛意識時，還有一事很重要，欲請示之事情，在敘述時不可解釋太多，點到問題重點即可，因潛意識信息聯繫得相當快，自會把所有事情的來龍去脈查清楚，並且詢問者提供之資訊可能是錯誤的，如此一來，反而會誤導表意識，有了先入為主之主觀意見後，在解潛意識信息時，就容易解讀錯誤。

在請示潛意識時，大致方式是如此，隨著功力及與潛意識對話通道的建立，在解讀潛意識信息時，會出現借嘴不借腦的說話方式，就是不由自主地突然脫口而出，說出後又覺得後悔，而且說出的話，與自己平常說話的口吻不同。還有，用語也非常簡易明瞭，這就是借嘴不借腦，是潛意識思維借由形體人的嘴巴說出來，因不經過形體人的大腦，會讓人說出後又覺得後悔。儘管如此，卻又與事實相符合。

潛意識也會用圖像、文字、幻聽，以及思維同步的方式，來和形體人進行溝通。出現圖像時，需要靠悟性解讀出來。幻聽是心中突然出現某人的聲音，可能是解讀者的聲音，也可能是請示者的聲音，或是第三者的聲音。幻聽就不須再進行解讀，但缺點是，不易分辨出是潛意識還是表意識。文字是在大腦屏幕出現的字幕，其準確相當高，一般人不易有此功力，但是，大腦出現字幕時，應迅速掌握並記下來，因字幕是一閃即逝，當下沒有捕捉住的話，信息過了，就不會再出現。因此，大腦靈活及能量充足者，才能應用之。

思維同步者，是神形思維已結合。在應用上與借嘴不借腦的方式很類似，不同的是，神形思維者能把信息先反應在大腦思維上，再從嘴巴說出來。這樣的方式可以受到表意識的監控，不該說的，或是不利他人的話，應以委婉、暗示的方式表達，或是另擇適當時機再給予暗示。

形體人應用潛意識的方式非常多，不管應用何種方式，經驗很重要，因經驗的累積，有助於與潛意識默契的培養。

謝老師註解

潛意識書寫的最佳範本。

第三十一回 如何進入神形思維的世界？

神形思維是神與形的思維結合在一起，是潛意識與表意識的結合，是陰性場與陽性場的相融合。

神形思維是神指揮形，是潛意識帶領表意識；是陰性場融入陽性場，卻是以陰性場為主導地位，是陰性場借陽性場來表述的思維，然後由陽性場執行及達成任務。這是附體現象，是神靈附在形體人身上。

附體與附身有什麼差別？

附體的層級較高，具有緣分，是經過安排的，是賓主關係，並且賓與主是相互的融合。

附身是不經安排，不一定有緣分，主要是看被附身者，能否被其附上身，能否被其控制為依據。身體素質好、思想意志堅定者，是附不上身的。附身是借用其身體，暫時居住在其身體的某一空間中，是借其身不借其腦。因此，被附身者的形體是受控制的，當被控制時，形體人便不具思維，頭腦是處於不清楚的階段，當附身退下時，形體人會受到相當大之煎熬，不利於形體人。最重要的是，形體人不能掌握一切，不知附身之靈何時顯現，更無法調動他，附身之靈隨時都有可能會離去。

附體是相互融合成一體，思維能互通，隨時可以調動和應用，除非特殊因素，否則不會輕易離開。附體有利於形體人的素質，因陰性能量場會調整陽性場，否則無法融合。在尚未融合時，形體人的陽性場也會調整自身能量場，以迎接貴賓的到來。

因分屬兩個不同的場，在融合的過程中是相當痛苦的。

如何減輕痛苦及進入神形思維？

首先，形體人應先控制好自己的情緒，因信息能量之故，容易煩躁不安，此時，大聲唸頌 3396815，有助於能量的疏散。多坐靜功，有助神形結合。適時的吃些加速改善體質的藥物（中西藥或食療皆可），也有助於結合。若有指導者在一旁監督，可授予經驗，功力高者甚至可以助其結合。神形結合都須經歷身心的煎熬，層級越高，越受煎熬。

神形在融合過程中，形體人的思維、動作、言行舉止，都會慢慢的改變，此時是融合的關鍵，能否結合，以及結合速度之快慢，端視此一階段。因此，形體人的大腦會出現渾沌狀態，出現一些特殊想法，習慣也會改變。

此時，表意識要發揮監督的責任，但不可過於壓制，過與不及皆不利於結合。只要有利於自己，有利於眾生及社會國家之事，一定要順應之，這是潛意識指揮，也是潛意識的考驗。順應這樣的局勢，有助於神形結合。

有了潛意識信息後，若基於自私心態，或不想行動，不僅不利於結合，在沒有默契、共識的情況下，潛意識可能會離去，另覓有緣者。神形之結合，困難點是在此一階段，能成否，也在此一時機。

謝老師註解

神與形思維的合一，需要時間的修練，結合時也有一定的步驟，不同於乩童，也和桌頭有所不同（請參閱第六章的解說）。神形在融合的過程中，既是能量次序的調整，也是達成潛表的和解與療癒。

我個人的經驗是，要把自身的能量場穩固住最為重要，表意識不僅要保持清醒，更要處在定靜的狀態中，只要掌握此關鍵，日後自然就能順利通過潛潛互通的考驗。因為我親身體悟了時間和空間之間、維度與維度之間的相互轉化，是在一瞬間發生的，剎那間引動至強的時空變化，就像汽車處在靜止狀態下時，倏忽地時速突然由零在一瞬間衝到極限，因此思維極有可能出現混亂的情形。所以我建議先練習站樁，把自身能量場穩固住，將會為潛潛互通、神神對話奠定基礎。

第三十二回 潛意識信息之接通

潛意識信息接通時，分成好幾個層次。不同等級的信息，有不同的接通方式。大千世界信息聯，人與人，潛意識與潛意識，人與潛意識，皆是處於信息網內，信息是相通相聯的。修練潛意識，就是學習解讀及翻譯出信息密碼。

信息從何處接通？任何部位皆可接通相聯之，大至內臟器官，小至毛髮，皆有此功能。人體表層皮膚，是最為敏感的部位，如果突然吹來一陣微風，表層皮膚即可馬上觸覺之，但是臟腑卻感應不到。當高層級信息來時，臟腑則可接收到信息，表現得較為靈敏；表層皮膚此時卻變得遲緩。因此，信息接收有靈敏度與敏感度兩種。

敏感度是觸覺接收力，因穿透、傳遞力弱，只能對表層皮膚起作用力，只能傳遞短距離及較為粗糙的信息能量。其接收部位除了表層皮膚外，還有四肢的指（趾）頭、大關節、大關竅、大穴位等。身體素質較差、膽怯、皮膚白皙、瘦小者，其敏感度會大於靈敏度。

靈敏度是感應的接收力，穿透力、傳遞力較強，是細緻的信息能量，因而能穿越表層皮膚，也因極為細緻之故，穿越時，表層皮膚感應不出。越是細緻之信息能量，其穿透力、傳遞力越大。遠距離、高層次的信息皆由其來傳遞。

其接收部位是小關節、小關竅、重點穴位，及五臟六腑等。其中以心臟的靈敏度最強，因心是五臟之神明所在，遠距離、高層次信息，只有心臟部位能接收到。心臟位於胸腔內，在中間稍稍偏左，因此，膻中的靈敏度最強，接收、感應力最好，是為信息庫，專收天體、大自然、高層級、遠距離之信息。其次是靠近心臟上部之左肩胛骨，接收力為中等層次。再來是右肩胛骨，其接收之層級次於左肩胛骨，是屬近距離層次，接收有關人體及周圍信息較多。

修練潛意識，是學習以心傳心；與潛意識溝通交流，是以心交心，皆是練心術；開膻中穴，最終目的是接通天體、大自然、遠距離、高層級之信息。

謝老師註解

辨識潛意識書寫真偽的方法。

第三十三回　潛意識信息接收方法

信息接收的方法非常多，依層次、功力的不同，接收方法也不同。不管接收層級與功力如何，忘我、空零是接收時的關鍵所在。

如何達到忘我、放空境界？心情、情緒要穩定，以平常心面對之，更不要考慮潛意識提供的信息是否正確，或是信心不足而害怕解讀錯誤，被人譏笑等疑慮存在，這些都會影響接收程度及準確性。

在接收時，意念應放於信息庫，即膻中部位。

不可設定潛意識提供信息是以圖像或幻聽等，專心最重要。

如果老想著怎麼沒圖像，幻聽為何還不出現，便分心了，因而收不到信息。

把意念擺在膻中部位時，更不要有接收信息的念頭存在，如此便有了框框，只要專心一致想膻中即可，此時，若出現圖像，再把思維放在圖像上，然後看圖說話。如果出來許多的圖像，有些記不住或是解不出來時，先說記得住和能解讀的圖像，千萬不可停留在解讀不出的畫面上，或是回過頭去捕捉記不住的圖像，能記多少說多少，解讀不出的，隨即放掉。

鍛鍊接收的速度很關鍵，大腦思維要跟得上潛意識，速度慢了，與潛意識的思維就不易接上線，此時出現的往往是表意識居多，因此速度要快，速度越快，大腦會越加靈活，逐漸逐漸地，就可跟得上潛意識思維了。

跟不上時，莫須緊張害怕，越緊張，思維越是跟不上，跟不上是接收必經之過程，多加鍛鍊後，自然會跟得上。

出現幻聽時，便認真聽幻，也是記多少說多少，聽不清楚的，隨即拋開，不可隨意猜測。

如果在圖像中出現字幕時，照字幕念出即可，就不必去解圖像了。

圖像加幻聽時，先辨別圖像與幻聽是否有相關聯，如果圖像與幻聽所表達的意識是相反的，此信息可能是錯的，要慎重之；若表達之方式雖不同，但解讀出來之意義相同時，可任選其一。

信息接收之方法，最好能每天鍛鍊，因不斷的反覆練習，可以保持其穩定性，穩定性會關係到其準確度。反覆練習時，不僅可以培養與潛意識的默契，也可以提升大腦思維之靈活度，並有助於與潛意識思維的連結。

謝老師註解

潛意識接收和翻譯的心法。

第三十四回　如何解讀及翻譯信息圖像？

接收潛意識信息時，出現最多的是圖像，圖像是大腦思維中出現的幻景、幻覺，是潛意識透過圖像來表達的思維。圖像即是信息，解圖像即是解信息密碼。接收到信息後，如果解不出來，或是解讀錯誤，等同沒有接收到，因此解的時候很關鍵。

如何解圖像？解圖像與悟性及大腦靈活性有關。解圖像就是看圖說話，看圖中的細微處，如圖像中的事物、人物的表情、明亮度、完整性等，加以分析解讀之。

圖像的出現，分為有主題與沒有主題的圖像。

所謂有主題，即先有想法、疑問，或是對於不解之處，主動向潛意識請示後，大腦思維出現的圖像，為有主題的圖像。

沒有主題的圖像，是莫名其妙，突如其來，沒有思維的情形下，或是專注在做某件事、想某件事，但並沒有想找出答案時，大腦突然閃現一幅圖像，此即沒有主題的圖像。

有主題之圖像較易解讀，沒有主題的圖像解讀起來較為困難，因沒有主題，範圍太大，造成不知從何解讀起。但是，沒有主題之圖像，準確性及可信度都較高，是沒思維中的思維，是沒有意識中的意識，往往是真幻。

解讀圖像時，不管是否有主題，先看圖像中出現的事物是否完整、明亮，如果完整，明亮度高，屬吉；破損、殘缺，晦暗不明，則是凶。出現的圖像是賞心悅目，看此圖像有愉悅的感覺時，是好的預兆；出來的圖像讓人覺得煩躁，甚至厭惡時，當是不好之意。若圖像中的人物，表現出愉悅表情，顯得生龍活虎、歡欣鼓舞般，或是此人處於良好、華麗之環境中，都屬吉兆。神情落莫、面色黯淡，或身處不好的場景，並做出呻吟、掙扎痛苦表情時，是凶兆。

解讀圖像，以第一個出現的念頭、想法、感覺為準，稍微遲疑，或是考慮得太久時，準確度低。

沒有主題的圖像如何解？先確定欲解讀的主題為何。如何確定？先考慮最近在家庭、工作、感情方面，是否有不順、掛心、煩惱的事情；或是在期待什麼、有計畫在執行；以及近來身體是否過於勞累、感到不適、牽掛自己或他人健康狀態等。找出主題後，再來判斷圖像所呈現之吉凶。

謝老師註解

從接收、解讀、翻譯、更正，一步到位的心法。

第三十五回　解秘之道的幻與真

解秘之道在於心，心心相印是前提，以心交心相掛通，以心會心相融合，
心無罣礙胸中無，無我無您無心意，忘我入空幽超塵，空零境界由此入；
空中百景萬叢生，幻中有幻是真幻，真實恍若夢一場，是真是假終幻滅。
解秘之道在於心，修心養心是關鍵，心中無私天地寬，沒有善惡分別心，
心境自然明如月，心中自有萬象生，境隨心靈轉換之，剎那瞬間萬變化；
境隨幻影改變之，幻中求幻幻破幻，以幻改幻幻解幻，虛幻世界尋真人。
解秘之道在於心，心中有心尋真心，幻中有幻是真幻，人中有人是真人，
真人何處去尋覓，真心誠意現真人，真心相待現真心，心靈相通相融合；
虛幻世界現真人，真人幻中還有幻，解秘之道是虛幻，虛幻中來解其秘。

第三十六回　解秘精要修真經

解秘精要極機密，是解天地之秘密，是潛意識之秘密，虛實真假之秘密。
真真假假難分辨，真中有假假亦真，假中有真真亦假，真真假假皆虛幻。
虛幻中來求真經，身在幻中凝觀之，凝神觀幻辨真假，靜觀其變莫擾之。
幻中出幻是真幻，虛幻真實一念間，凝神捕捉剎那間，解其機密當把握，
幻中生幻亦破幻。
解秘精要是解幻，解幻之秘在空虛，空虛之中有洞天。空虛之中來解幻，
真假虛實皆意念。
解幻之秘在意念，意念生幻亦破幻。意念從何來發出，是心靈思維之意。
解幻之秘在心靈，象由心生心換之。虛幻世界在心中，心中自能辨真假，
心中自能求真經，心中自能解其秘。
解秘精要在修心，有心自能解其秘，發心自能出真經，交心自能現真人。

第三十七回　潛表互通心心相印

潛表互通在修心，修心養性是關鍵，修心是為搭橋樑，潛表互通是越橋。
潛表互通在醒悟，積德為民是關鍵，功德糧草能喚醒，沉睡已久小真人。
潛表互通在空零，忘我無私是關鍵，虛靈腹中來修練，修練真心現真人。
潛表互通在交心，真心真意是關鍵，心心相印相融合，你即是我我是你。
潛表互通在信息，信息相聯是關鍵，大千世界信息聯，活慧掛通知天機。
潛表互通在解秘，信息密碼是關鍵，信息密碼靠緣分，緣分來自德中人。
潛表互通在解幻，幻中有幻是關鍵，幻中生幻幻解幻，幻中破幻幻求幻。

第三十八回　去私忘我就是修心

修心之道在養心，養心修練神自明，神明心竅自然開，宇宙縮影在心竅。

養心之道在忘我，忘我修練是入空，空中自有萬象生，萬象來自潛意識。
忘我之道在為民，為民修練是去私，去除私心是修心，心無罣礙是忘我。
為民之道在積德，積德修練是功德，功德有助潛意識，修心是修潛意識。

第三十九回　虛靈大法

何謂虛靈大法？虛靈大法是修練虛幻之影。虛幻之影從何而生？從何修練？
虛幻之影，是能量之積聚而生，是心念附於靈性，是能量與靈性之結合。
虛幻之影，在腹中養其性，是陰陽相遇相結合，渾元之氣蘊釀成胎。
懷胎足月腹中坐，虛幻之影由此生。
虛靈大法是鍊真人。真人前身，是虛幻之影。
虛幻之影何日鍊成真人？信息密碼來決定。
信息密碼靠德與緣來解之。緣分深淺關鍵在於德。德中人自會有緣分之到來，時機到來巧安排，無形老師尋找有緣人，協助虛幻之影解其碼。信息密碼解開後，有心有口能對話。

虛幻之影腹中潛修練。糧草助其長大之，能與天地信息交流之，宇宙能量貫其身，腹中鍊得變金身。

虛靈腹中，是修練虛靈大法之要領。

謝老師註解

對第十六回又做了深入的解說。

渾元之氣即指天地自然之氣。

第四十回 虛靈大法是潛潛神交，神會之大法

虛靈大法如何修練？虛靈大法是不易修練之法門，與一般法門也不同。除了要有

方法外，悟性及機緣也很關鍵。有了入門方法後，能不能修練得好，要看是否有悟性，悟多少便得多少，機緣則是決定得道時間及層級。

修練虛靈大法者，必須是修練到一定層次後，欲提升其層級時，所修練之大法。因此，不具功力者，進入不了此法門。

修練虛靈大法，沒有門派之別。虛靈大法是修「空」、「零」，既然是在虛空之境界，何來門派之別！若不能屏除門派之見，有了條條框框，就入不了虛空之境界。這一點很重要。

虛空之境，是潛意識溝通交流之境，因此，**虛靈大法是潛意識在虛空之境的相互交流，是潛意識與外潛意識之神交、神會的大法**。

虛靈大法也是進入虛幻世界之法門。欲進入虛幻境界，首先須具備虛靈腹中。腹腔中必須出現虛幻之影；有了虛幻之影後，每天修練之。

每天觀想虛幻之影，注意其活動情形、幻影之能量度、肢體手勢之變化等。坐靜功時，觀想自己的腹腔，看腹中虛幻之影，是練自己看自己，練自己想自己的方法，也是一種內省法。

當虛幻之影逐漸具結成人形時，是謂小真人。此時，還是繼續修練小真人，觀想小真人，並開始學習與小真人溝通交流，當小真人具有足夠的能量時，便可以與天地之潛意識交流。

虛靈腹中，是修練虛靈大法的入門階段；與天地潛意識溝通交流，是修練虛靈大法之目的。

謝老師註解

虛靈大法修練三步驟：

1. 以幻引真。靜坐時，意念意守在腹部，意想自己坐在腹中練靜功或動功。
2. 虛靈腹中。常腹中顯現出虛幻之影時，就要把意念觀注在這個虛幻之影。
3. 專注看、聽、想。看虛幻之影在腹中的活動情形，能量光和肢體手勢的變化。

第四十一回　虛靈大法精要

虛靈大法之精要，虛靈腹中是關鍵，凝神觀腹中之靈，虛幻世界在腹中，身處虛幻之世界，幻中還有另一幻，虛靈法是觀幻法，虛靈法是修幻法，虛靈法是求幻法，虛靈法是解幻法，求幻解幻幻破幻，求幻解幻幻解幻，幻中有幻是真幻，真幻中來解其秘，真幻中來相交流，幻中幻假中有真，幻中幻真中有假，虛靈法是真求假，虛靈法是假尋真，虛靈法是真中虛，虛靈法是虛中靈。

第四十二回　神光照體虛靈腹中

虛靈腹中之方法，是啟動腹腔之能量，啟動下丹田內空間部位的能量，也是人體能量總根基地。此處是人體之精髓、精華，是人體之能量庫。虛靈腹中之虛靈，是由根基地能量之聚集而成，由能量之運動變化而成；也是人體內精華之物質與能量，是精華與精華物之相互作用，所提煉出之精微物質。虛靈是腹腔中之能量提煉而出，並提供具結成形之能量。

千古年來，**修練下丹田之秘密在此**。只可惜，修練者只知墨守成規，沒有悟出虛靈腹中之竅門。

虛靈腹中，是啟動丹田內部能量；啟動時，腹腔內處於渾沌狀態，是屬於渾元氣；渾元氣受運動變化之影響，逐漸形成陰陽兩極，成為陰氣與陽氣兩種能量。虛靈，就是**由陰陽兩極不同之能量相結合而成的**，**是為陰陽交合**。

陰陽交合後，孕育了新的能量團，此能量團會聚集成丹，丹在腹腔中接受能量之培育，逐漸形成胎。結胎後，已具結成形，因由能量孕育之故，**所具結之形是光之結合體**，**是恍兮惚兮之虛靈體**。

虛靈體是在腹腔中孕育成長，當虛靈腹中時，才具備了修練虛靈大法之條件，虛靈大法是從此階段開始。

如何練？**每天觀想虛靈之活動力**、**亮度**、**胖瘦大小等**。**能量充足時**，**虛靈是活潑**

的、明亮的，並且會不斷的長大、長胖。此時之能量，已不完全是從丹田處取得，還需功德之糧草才能促進其長大、長胖，當虛靈長到一定程度時，才能**與天地潛意識溝通交流**。

修練虛靈大法之秘，是丹田內部能量來孕育，然後是由功德之糧草成長之，觀想是賦予其思維力。

謝老師註解

把第四十回到第四十二回結合起來，就是一部道家煉丹術，也是提升靈性能量場的修練虛靈大法的方法。

虛靈大法：

虛幻之影，是人體內陰陽能量之積聚而成，在腹中養其性，是心念附於靈性。懷胎十月腹中潛修練，糧草助其長得白胖大，能與天地靈性信息交流之，宇宙能量灌其身（指灌入虛幻之影），腹中煉得變金身（小真人）。

第四十三回　虛靈大法與天時地利之關係

虛靈大法與天時地利有著什麼樣之關係？

虛靈大法是取天時地利之便來成就之。

欲修練好虛靈大法，時機是關鍵點，千日之修練，等的就是時機；時機成熟，不求自得。

時機之成熟，與天地之能量運動有一定之關係。時機點往往是天地處於特殊之關係，都是處於極度之不平衡狀態，或者是乾坤之顛倒顛。

為何天地間會出現如此之狀態？

這與潛意識之重出山有關，尤其是上古時期以前的潛意識，重新降臨於世間時，可以說是天旋地轉。

如此高層潛意識降臨，必定會影響天地能量之運動，表示有重大之任務在身，將會是開創新局面、新的世紀。

因此，時機有兩個涵義。當天地能量處於極度之不平衡時，勢必會帶動人體能量運動，人體因能量之驟變，也會處於極度之不平衡狀態。人體若是處於極度不平衡狀態時，會造成失序，受失序影響，身心都會相當痛苦。

然而，就在失序當中，潛意識才能趁虛而入。並且，身心處於疼痛難挨時，不會產生意識抗波，有助於潛意識的附體。

當潛意識附體，與形體人結合後，是能量的重新組合。在組合過程中，身心疼痛會慢慢退去，重新組合是調整次序，而在調整過程中，信息密碼也會隨著次序之調整而開啟。

修練之秘密，就是**重新組合自己，重新調整能量之次序**，是先失序，然後重排序。沒有經過批准的潛意識，或是層級太低的潛意識，在附體時是找時機，而不是等時機；是在失序時趁虛而入。其入內後，不能重新組合調整次序，無法解開信息密碼，是最大之不同點。

謝老師註解

郭老師曾說，鐵在沒有磁化前不具磁性。這是因為鐵的分子排列雜亂無章——混沌。但鐵磁化後即是磁鐵，排列有序。經過修練產生特異功能者，與一般人的差別在於，一般人的細胞排列無序。有特異能力者，在於經過長時期內求法的修練，體內細胞完成了「從混沌到有序」這一轉變。

第四十四回 神形修練合一大法

神形思維修練法，是神與形之結合，是神與形之交流，是神形思維相通。
神形雙修齊修練，神形雙方互搭橋，虛幻世界來相會，相互通風來報信。
你即是我我是你，我是你心心相隨，你知我心心相印，神形相隨影不離。
神形融合有秘訣，打破鴻溝除距離，表潛意識相交流，表潛互通傳信息。
神形融合為一心，神形思維傳大腦，幻景圖像暗示之，淺表意識來解讀。

第四十五回　潛意識無窮的奧秘

潛意識的奧秘，不是常人思維所能理解的。

潛意識變幻無窮，無影無蹤，能自由來往穿越任何時空及空間，能在空中變幻萬物，也能把萬物變幻成空。

潛意識之奧秘是說不清的，能說得清的，就不是潛意識了。

潛意識之奧秘在於心想事成，萬事萬物之象，皆由潛意識之心念所生，想什麼是什麼，想什麼有什麼。

宇宙皆是潛意識**心念所產生之幻象，是虛幻的，是假的，是不存在的。既然是心念所創造出來的虛幻，相對的，也可以應用虛幻來改變，由心念來轉換。以幻解幻，以幻破幻**，這是潛意識的奧秘，也**是修練虛靈大法心法，更是掙脫輪迴之秘**。

潛意識心念是瞬息萬變的，更沒有固定的影像，時而這樣時而那樣，隨著不同時間與空間，會有不同影像變化。

不具慧眼，沒有修練火眼金睛者，無法辨認其真正之身分階級。

潛意識因心念轉變快，想法轉得也快，因此調皮惡作劇的潛意識很多，基本上沒有惡意。目的是開個玩笑，搗鬼一下，做個朋友。

當潛意識前來與你開玩笑時，表示你已修練到一定程度。除了做朋友外，順便考驗你一下。

潛意識奧秘是無窮無盡的，沒有潛意識便沒有奇蹟，奇蹟也是潛意識奧秘。潛意識創造奇蹟，奇蹟展現神蹟，神蹟能解潛意識奧秘。

潛意識奧秘，忽隱忽現，有又沒有，無中又有，有無互現，此因宇宙大輪迴之故。當輪迴到潛意識之世紀時，潛意識能與人隨意對話，並共舞之。因經常出現之故，能與人對話時，就不算是神蹟了。

在不屬於潛意識世紀時，人們不易與潛意識交流，潛意識僅偶爾現身展露一下，因此被人灌上迷信色彩。

潛意識世紀已重新轉回來了，潛意識奧秘將能隨時隨地見識到。當見怪不怪的現象很尋常時，就不算是神蹟了。

第四十六回　潛意識之奧秘在於思維的轉換

潛意識奧秘是無窮盡的。修練潛意識之目的，即是應用潛意識奧秘來創世紀，達成任務。

如何應用？首先，要具備解幻的功力，然後是學習應用幻來解幻、改幻。宇宙本是虛幻，人是處於虛幻中，看到的、感覺的、觸摸的、擁抱的，都是虛幻不實的，是空的。既然是心念所創造出來的，改變的方法，也是以心念創造另一虛幻，而轉換之。因此，達成任務之關鍵，是以空對空，以虛幻轉換虛幻。所謂轉幻是轉換其心，用心念來轉換之。心念轉換時，思維、想法、意念還是在另一個虛幻中，只是進入不同的虛幻空間。

如何轉換其心境？第一，先改變思維想法。第二，應用潛意識的力量，是空對空，是潛意識與潛意識的對話；喚醒、通知、下指令給潛意識，潛意識會如實照辦。第三，配合天時地利時機，時機到時，不改也得改；頑固不改者，無法跟隨輪迴之軸轉動。

世紀大輪是循序漸進，周而復始，一代接一代，代代相傳。在世紀大輪迴前，都會有使者出使任務，循循善誘，給予人類時間，降低衝擊力，並規勸世人醒悟，不要再執迷不悟於輪迴中。跟隨上輪迴之軸者，還有機會來修練，還有醒覺之時機，而跟隨不上者，將陷於萬劫不復之境界。

創世紀任務即轉換另類思維。從這一虛幻之時空，轉換到另一虛幻之時空中。

第四十七回 解秘精要，解什麼？

解秘精要，是解其秘，解其法，解其道，解其因，解其果。

解其秘是，解開潛意識秘密所在，是解世人所無法理解的事，是解開潛意識之隱密處，解其極機密處，解不可對外傳說之秘。解其法，是解開潛意識秘密方法，是解秘之入門法，是解秘之要領、要訣。

解其道，是解開潛意識秘密之道理，可以解哪些、能解開哪些、可以得到哪些、應用在哪裡、如何來應用之。解其因，是解開潛意識秘密的原因所在，解秘原因為何，解秘目的為何、是為何而解、為誰而解，解的因素、原因及目的。解其果，是解開潛意識秘密的結果是如何；解開潛意識秘密後，會有什麼樣的結果、影響、遭遇，會為人類帶來什麼樣的結局。

解秘不僅要有方法，更須明白解秘的原因、解開潛意識秘密的道理，解秘的目的、原因及因素所在，以及解開後的影響，能解得出多少的果，會有什麼樣的結局等。解秘前，應把欲解之秘的來龍去脈，全盤了解後，才不至於把不該解的秘密給解開，為人類帶來浩劫。

有些秘密是暫時不宜解開的，或者是對大多數人不利，或是解開後，會影響、改變某些事物，導致歷史的軌跡脫軌。

解秘有其一定之道，不可違反常規、常理，要接受指揮，聽令來解。

謝老師註解

解秘前應事先嚴格訂出倫理、善惡、是非、道德的標準。

第四十八回 解潛意識之秘的目的

潛意識從何而來，欲往何處，以及涵蓋了哪些範圍？

潛意識從宇宙而來，欲回宇宙去，所涵蓋之範圍在宇宙內，但分散於各時空中。

潛意識受宇宙能量孕育而生，進化授予靈性，交流傳遞信息，再由信息推動並促進宇宙之演變；所謂演變，是啟動宇宙之輪迴的漩渦。

潛意識欲往何處去？跳脫輪迴之漩渦。

跳脫後歸何處？重回宇宙賜予能量之來源處，不同的是，是以進化後卻仍在宇宙輪迴漩渦中之醒悟者。如何歸之？投胎重新做人。

因重回宇宙源頭之前，必須先取得位子後，才能歸其位。而取得其位之方法，是由形體人身上完成。因此，每個外界潛意識都急著找形體人來投胎。

找形體人投胎，除了緣分外，還會依潛意識層級來安排形體人。潛意識必須在世間經過世世代代輪迴。

在世間輪迴的目的何在？一是應用潛意識力量來規勸形體人，喚醒其善心，並助形體人內在潛意識修練，及早脫離輪迴之苦。二來考驗靈性，是否在輪迴中喪失心靈。最後，從其表現來決定其位階，位階已定時，則是重返宇宙時，然後在自己所屬的位子上修練。不同的位階分屬在不同之空間中，因此，潛意識涵蓋的範圍，雖是在宇宙內，卻是分散於無限之空間中。

解潛意識之秘的目的，就是潛意識投胎度化形體人，助其早日修得正果；而形體人修練，是幫助潛意識歸位去。

謝老師註解

此回是「潛意識一百回」最關鍵的解秘。我得以解悟外界意識體（潛意識）急欲尋找宿主，其目的是想達成在修行上的提升。菩提老祖此次重出山的任務，就是為了完成幫天、地、人三界潛意識的修練，我們可以借助「虛靈大法」的修練，從表潛互通開始練習，繼而開啓與外界無形的意識體，建立融洽的溝通、交流的互動模式，度人度己，同登彼岸。

第四十九回　潛意識如何相聯？

所謂的大千世界信息聯，信息是如何相互聯繫的？是以什麼做為媒介？信息是以能量做為媒介。何以大千世界的信息能相聯在一起？因潛意識是由宇宙之能量孕育而成的，從宇宙的源頭發散出來，經由爆炸把能量擴散開來，散開之後，逐漸孕育出生物。

爆炸時，能量受到衝擊作用，逐漸地拋出，把能量團的能量，擴散為點、線、面。爆炸把能量向宇宙間延伸、展開，於是形成一個能量網，信息即是依此能量網，做為傳遞信息之媒介，是大千世界信息相聯之原因。

潛意識皆是透過此一信息網來溝通交流。信息網內，彷如千絲萬縷般的纏繞在一起。有粗細及顏色亮度不同的網線，線之細膩程度，與潛意識的層級有關。越是細膩明亮之網線，信息傳遞得越快，是屬於上古時期，遠距離、高層級之信息，此信息不易接收得到，如大自然、天界以及傳說而無文獻可查之神仙人物便是。近距離之信息網線，比遠距離之網線稍粗，信息傳遞的速度也稍慢，是為中古時期以後的信息，如世人較為熟悉及家喻戶曉之神仙人物皆是。還有，是自身周圍之信息，其信息線是粗糙的，容易接收到，不具功力者也能偶爾收之。《周公解夢》一書，有些即是解自身周遭的信息。

信息網線除了高層級、遠距離、近距離信息外，還有相當於微波的信息網線。這屬於上古時期之信息，因年代已久，信息相當微弱，因此不易接收到。此信息是來自人類之老祖先，即早已被後代子孫所遺忘之先祖，屬於人神共舞之時期。

若能接收得到微波之信息，其潛能將不可限量，同時，先祖也殷切期待後人的追思感恩。

第五十回　潛意識與上古信息

上古信息有哪些？上古信息是傳說中的神仙人物，其傳奇故事只有傳聞，沒有文獻資料可查詢。因年代久遠，加上歷史變動過程之故，逐漸地遺失了。

上古時期的信息，為何失傳？是天意使然，是上天巧安排，亦是上天賜予有緣人之賀禮。上天如何賜予？有使者來達此任務。

上古信息，所傳遞的是什麼樣的信息？是思維信息。因上古時期，屬於人神共舞的時期，是潛意識時期，當時的人可以隨意與潛意識溝通交流，因而擁有無限潛力及智慧。

因時代變革，加上能與潛意識溝通者及通道逐漸地減少與喪失，人類因而遺忘原有的潛能，是以進入無明、無知之時期。

上古之信息，能喚醒人類如何來應用原有的潛能。

有緣得此信息者，其任務是如實記載上古時期的思維。例如，與潛意識溝通交流的方法，潛意識世紀之種種情形，人神共舞之境界如何，神形思維在上古時期的應用情形等。

記載的目的，是告知世人，上古時期的繁榮盛事，並傳予有緣人，傳承下去。

使者是特派員，此特派員是當時上古時期傳說人物，具有高修行者，能與潛意識交流者，才能傳遞思維信息。如何傳遞？思維相通。把欲傳遞的信息，輸送給特定人選，透過特定人選的思維，再應用文字、語言或圖像呈現出來。這樣的任務，是推背圖。推背圖已完成「背」之任務，所謂背是，往後之意；推，是推回以前，推回到上古時期。

在上古時期，是預測未來歷史演變、發展過程。如今之任務是推，是歷史倒退，是退回到上古信息。於是，推背圖是一推一背、一進一退之相互對應。

特定人選如何選定？首先考慮選擇有緣者，再從眾多有緣者篩選出來，然後通過預設好的磨難的人中，依其悟性、思維、熱忱授命之。因背負傳遞思維信息之使命，忠於原始信息是關鍵。這類人是傳遞者，傳遞使者之指令者，應遵奉辦理，否則隨時會被收回使命。

第五十一回 推背圖與潛意識的關係

推背圖中，隱藏著什麼樣的潛意識秘密？首先，先講推與背之間的關係。背是預測未來，是未來背後、身後世，不能眼見的歷史演進，是以圖像方式呈現。推則是推回，推動、推展到以往的世紀，原因是推測古人的思維，未來將以文字方式呈現出來。推與背，是終為始、始為終的關係。始發展到終點時，再從終點往回推到起始點。推與背皆是歷史使命，推與背同時完成才算達成使命。

推背圖的圖文，是潛意識之秘密。既是人類歷史之發展、演變史，亦是潛意識進化過程，也是人類與潛意識溝通交流的記載。

推背圖，來自於人類之老祖先。是上古時期以前之老祖，在上古時期時，以圖像方式來暗示及預言未來世紀之發展。當人類經歷這些發展時，不得不讚歎老祖智慧。當發展到此階段，推背圖已完成背之任務，表示人類歷史已走到終點。往後，將是人類歷史及命運之轉捩點，也是變革、動盪不安時代之來臨。屆時，人類將會是處於天災人禍過渡期，此時，正是推背圖推文任務之始。

推文，其背負之責任比背之圖來得大。除了要如實記載外，還要推動古人思維，並推展開來。當回到上古時期之思維時，人類才能脫離天災人禍階段，進入另一階段的開始，也是新紀元的到來。

因此，推背圖的圖與文的最終任務，是回到上古以前的世紀。當推回去，進入另一階層時，潛意識秘密才得以完全被揭開。尚在推背圖，圖與文世紀時，潛意識秘密是不會被公諸於世的。

第五十二回　潛意識處方是潛表和解及療癒的湯藥

何謂潛意識處方？潛意識處方是潛意識處理的方法，是調動潛意識能量之法。其原理是什麼？通過什麼途徑來完成？

潛意識處方，在華陀以前便有，而且很普遍，華陀之後，懂得應用此法的人逐漸減少，現在基本上算是失傳了，因潛意識處方的應用，須具備與潛意識溝通交流的能力，方可開出潛意識處方。

潛意識處方，與潛意識修練息息相關。

潛意識處方，是潛意識與潛意識之交流，空與空對話後，再透過形體人淺表思維反應出來。因此，潛意識處方是心藥，是心與心的對話，是由潛意識出方，然後由表意識開方。

只要具備與潛意識溝通交流之能力者，皆可開出潛意識處方。

潛意識處方不同於一般處方；一般處方是看症狀，依病症開出處方，透過表意識所學應用，這樣的處方只能治療一般性疾病，對於重大疾病及與潛意識有關疾病，發揮不了多大效用。

潛意識處方，是應用潛意識功能來開立之方，其調動的是潛意識能量，是潛意識與潛意識的交流，是用心領悟出的藥方，是心方，是心藥。重大疾病及與潛意識有關的疾病，只有心方、心藥能解決之。

在開潛意識處方時，因是心靈之交流，對方的潛意識會提出要求（見註解），此時，應用心聆聽，並傳遞其信息，因潛意識處方是潛意識處理之方，自己的潛意識除了為對方開方外，還要傳遞信息給形體人，同時又要安慰對方的潛意識。這些方法，只有具備潛意識功能者，能達成。

未來將是潛意識處方的世界。

謝老師註解

不僅可開發智慧，也可以取得學習開方藥的心法，涵蓋範圍廣，人人皆可發揮不同的專長來取得學習成果。

潛意識體也會透過肢體和手勢來傳遞其心意。他有可能雙手合掌向你表達謝意，也有可能做出拒絕的手勢，甚至手拿出花圈，釋放出致祭花圈的不良信息。所以，潛意識處方是潛表和解及療癒傷痛的心靈湯藥。

第五十三回 信息交流是潛意識的習性

信息交流，是潛意識與潛意識間，互通有無、通風報信的信息往來。

信息交流是潛意識的習性，潛意識有無私寬大之胸懷，會把信息傳遞給其他的潛意識，也喜歡把信息做為交流溝通之管道。因此，大千世界中，不僅信息相聯，還充滿著許多信息，若能解開信息密碼，將能通曉古往今來，預知宇宙世紀，宇宙中的萬事萬物皆備於心。

信息交流是潛意識的習性，廣結善緣是信息交流的結果，並且信息的傳遞是無遠弗屆，有能量的地方，便有信息之交流。

信息交流是彼此回饋，傳遞得越多，回饋得越多。信息越多，能調動的潛意識越多。信息越多，越能充分掌握潛意識世界。

信息交流時，應注意與其交流的信息，交流層級越高越好，不利於自己或他人之信息，不與其交流，層級太低之信息也應拒絕。若是沒有當下拒絕於外，這些不好及層級過低之信息，將如排山倒海般的傳遞過來。

如何與好的信息及高層級信息相交流？**信息也有習性，相同能量、頻率相同的信息，易交流之**。且信息思維能引導信息欲交流的層級，信息思維能聯繫思維頻率相同者。因此，思維想法，是決定交流層級及何等信息。

信息交流是潛意識與潛意識交流，是心與心的交流傳遞。

第五十四回　潛意識治病法

潛意識治病的方法很簡單，通知對方的潛意識來為形體人治病即可，是調動對方潛意識能量，來為形體人服務。從古至今得道者，皆能為人治病的原因，都是調動潛意識能量之故。

潛意識治病時，應注意什麼，以及如何發揮其最大之效用？潛意識治病時，應誠心誠意，衷心期盼疾病能痊癒，對方的潛意識收到信息後，便會如實照辦，疾病當可解除。若是信心不足，或缺乏真心誠意，效果便低。因形體人自己的潛意識非常敏銳，他是按照所接收的信息來辦事。因此，應用潛意識治病時，應特別注意，不可有不好的意念，因潛意識都會如實照辦。

潛意識治病，除了調動潛意識能量外，也是信息的交流與傳遞。信息交流與傳遞，依附於能量上，當信息交流時，相對地，也輸送了能量給對方的潛意識。**對方的潛意識收到信息與能量後，便能調整及改變形體人的能量場，場性一調節，疾病自然痊癒**（註解1）。

因此，外界的潛意識，關係著治病的效率，層級越高，所負載之能量越高，治病效果自然好。

潛意識治病，有時會遇上是潛意識本身的問題，潛意識出問題，不是一般藥物能解決，唯有潛意識能幫忙解決，因空只能對空，空能指揮形，而形不能對空，更不能指揮形。因此，潛意識治病，不僅能治形，也能治空。潛意識治病，也可以說是專治空的問題，幫助空解決問題。

潛意識如何治空？先了解其所需，以及問題所在。一般潛意識的問題，與自身糧草不足有關，或是所處環境不佳。如何解決？先輸送一些能量給他（註解2），然後勸化形體人行善助人，形體人若是覺悟了，疾病自可痊癒之。若是環境不佳，可幫忙調整，如何調整？以幻改幻。空是零是無，潛意識身處空之虛境，當以虛擬之境來換之。潛意識治病，就是空對空，空對形，空指揮空，空指揮形。

謝老師註解

1. 潛意識治病是應用了潛潛互通的方法，是空對空。

2. 輸送一些糧草給他，是指把能量直接灌注在對方的潛意識體，其功效會比直接調理形體人要來得快速有效。

第五十五回 潛意識順乎天意

潛意識跟隨、順乎天意來行事，是遵循天之旨意。

潛意識信號即是指令，當潛意識收到信號後，便會遵照指示。

天意是什麼？所謂天意是上天之旨意，是天界之指令，是上古時期的信息、信號。順乎天意即是順應、遵循上古時期的信息來進化。上古時期的信息，即是人類之老祖先所殘留下來的信息。人類就是依此信息來進化演變，推背圖即是上古時期的殘留信息；歷史演變過程是遵循著推背圖之信息，也是順乎天意。

為什麼要順乎天意？天意隱藏著什麼玄機？

天意即是軌道，順乎天意即是在軌道上轉動。

不順應天意，則沒有軌道，無法推動歷史，歷史不向前行，人類則無法進化。

人類為何要進化？這就是天意之玄機所在。進化是一個層級往另一層級躍進，進化過程是循序漸進。進化的目的為何？不同之階級有不同的目的。大部分是擺脫輪迴之苦，有些是為了往更高層級修練，即爭取果位、位階，少部分的人是為了完成使命。不管其目的所在，皆是在推行進化。

進化可說是人類共同的目的，必須共同來完成，才算達成任務。何時才算是進化完成？跳脫思維之軌道。

雖然人類老祖先距離我們非常遙遠了，卻時時掛念後代子孫，希望子孫能順應天意，並時時給予子孫力量，這便是殘留信息。殘留信息不僅僅是耳提面命，同時也是加持力。而後代子孫緬懷先祖，除了感謝先祖的關懷外，並應告知及安慰先祖，子孫會遵循順乎天意來行事。祭祀先祖即是相互提醒順乎天意，達成進化目的。

謝老師註解

信號，是指信息的載體。例如，有人宣稱在夢境或修練靜坐的幻景中，接收到神明或上師授予的令旗。信號指的就是這個令旗，代表了某種潛意識的調動權責和任務。

第五十六回 潛意識處方重返人間

潛意識處方，是心靈之方，心靈之藥，調動的是潛意識能量。未來將是潛意識處方的世界，唯有潛意識處方，才能治癒疑難重症。

潛意識處方，是潛意識與潛意識溝通交流後，由外界潛意識為對方的潛意識所處理之方法，除了透過潛意識開方外，同時也與藥物進行信息交流，這就是潛意識處方的奧妙處。

未來是潛意識之世界，不具潛意識修練者，將很難有立足之地。

萬物皆有信息，皆有靈性，百草藥物也不例外。欲發揮其療效，必須調動百草之靈性，與百草進行信息交流，因靈性是左右、調動該物質能量運動的方向。

尤其修練潛意識風盛行時，由於一般藥方，或是由表意識所開立的處方，無法調動百草的信息能量，不能與百草進行交流，因此這樣的藥方已不適用於具有潛意識的修練者身上。

潛意識處方中，有許多是屬於秘方，是潛意識秘方。

潛意識秘方，無法從文獻資料中找尋到，更不可能廣為流傳；欲取得潛意識秘方，只有潛意識能達成此任務。

潛意識秘方是由誰所開之方？如何捕捉提取到？

潛意識處方，也是上古時期的信息處方。是上古時期的先祖，在潛意識盛行時，易與潛意識溝通之際，由潛意識告知的秘方。因潛意識修練法失傳之故，潛意識秘方也隨之遺失。

但是，潛意識秘方的信息還殘留於空間中。

當具有潛意識功能者，信息會慢慢地被捕捉到，屆時，潛意識秘方又將重返人間，到時，許多束手無策之疾病，都會獲得解決。**潛意識處方，不僅能重返人間，未來還可透過文字流傳**。

謝老師註解

二〇〇四年郭老師創建的空間醫學之「小方治病」達成了將潛意識處方之機密重返人間的使命。而我正在執行透過文字流傳的任務。

第五十七回　信息交流的起源和層級

信息交流的方法很多，有上五盤、中五盤、下五盤等，不同時期有不同之交流方法。年代越久，距離越遙遠的，與之交流困難度越高。但是，年代越久，層級越高。

先說與下五盤信息交流法。下五盤信息距離較近，其信息能量線較為粗糙，容易接受，稍加修練即可與之交流。下五盤的信息，沒有密碼，修練者皆能收到。例如，家喻戶曉的神仙人物，都是屬於下五盤信息，只要能接收到，並表示尊敬之意，就能與之信息交流。

中五盤信息，年代較下五盤稍遠，信息能量也較細膩些。因中五盤信息有密碼，欲與之交流，則需要功力，才能解除密碼。當信息密碼解除時，再依緣分深淺，來決定交流程度。

中五盤信息的傳說人物，已無史蹟文獻可查，因年代已久，而且其生平事蹟已超乎人類想像，所以，這些人物都被列為傳說，也無從考證其真實性。

上五盤信息，因層級高，信息極為細緻，不易接收及交流。即使有再高之功力，也不能與之交流，因上五盤信息會主動尋求，機緣成熟時，自會傳遞信息給有緣人。是有緣人，也是特定人選。

因此，上五盤信息所帶動的能量相當驚人，尤其是在傳遞信息過程中，必然要有重大變化，影響最為劇烈的是氣候異常現象。

上五盤的人物，人類早已遺忘，因距離太遙遠了，連傳說神蹟史記都沒有了。若不是主動前來信息交流，便不知曾經有此號神仙人物。

信息交流方法，應視其層級來分。層級越高，越是沒有方法，因層級越高之信息，是信息上門找有緣人，而不是應用方法來接收信息。

第五十八回　潛意識蘊藏著巨大的信息能量

潛意識信息能量威力有多大？這與潛意識本身的層級有關，層級越高，所帶動的能量越強，而且其威力是無法想像的。

上古時期潛意識能帶動的能量有多大，以及所帶動的能量將會給人類帶來什麼樣的影響？

上古時期潛意識是不輕易出山，只有使命在身時才會重出山。這是千年難得一見的景象，出山時勢必造成大震動。

出山前，大自然就會預先感受其場性，進而發生異常現象，如氣候異常、天文奇景、地層劇烈運動、思維混亂等。出山的前兆就有如此巨大的影響，隨著出山時間越近，震動得越是驚人，待時機到來之前一刻，會突然間暫停。出山時，將是前所未有的大變動、大改革，只能用混亂、失序來形容巨大威力帶來的影響程度。

在混亂、失序的時局中，亂哄哄的吵成一團，沒有人能解決，此時，正是潛意識發揮其潛能、展現其神蹟的時候，是潛意識信息能量施展威力的開始。

潛意識信息能量有偷天換日之本事，有改朝換代之力量，有顛倒陰陽之能耐，有改變全人類命運的鑰匙。

上古時期潛意識出山的目的，是為了改變人類歷史，改變人類思維，調整大自然的場性。

潛意識信息能量在調整了大自然場性、人類思維後，將是嶄新歷史的開始，是全然不同的生活，人類命運將從此改道。

第五十九回　潛意識的任務

潛意識任務有許多種，高層次任務是關係著眾人生命的任務。

奉元始天尊之命，帶領人類返回盤古開天前之盛景。而任務分為三個階段。

第一階段是，信號上身。第二階段是，推行新思維運動。第三階段是，八仙過海封神再現。

潛意識信號必須依附於修練者；具有潛意識功能者，由潛意識帶領表意識之思維，給予信息能量。當信息交流時，也是能量的傳遞，有了信息與能量後，便能調動宇宙中許多能量，同時也解除了潛意識密碼，回復與上古時期潛意識相通之通道。

第六十回 如何完成潛意識所賦予之使命

第一階段任務，基本上已完成。第二及第三階段任務應如何完成？

第一步要廣結善緣，必須要有群眾力量，以和為貴，善盡職責為民服務。第二步，胸襟大志，不可被利益薰心，不可失志。第三步，當時局混亂時，只能為民服務，為民解疾除痛，其餘之事均謝絕。

完成第二階段後，才能向第三階段任務邁進。

萬眾一心是關鍵，如何才能達到萬眾一心？改變思維。清楚明白自身之重任，三界潛意識都會來相助。

第六十一回　和潛意識信息的互聯互通互學

潛意識交流的事項沒有屬性，內容更是沒有限定，是海闊天空的暢所欲言。只有層級高低、對話事項及內容的分別而已。

潛意識因團體屬性強，團體屬性也關係著對話事項及內容為何。潛意識信息交流，緣分也是關鍵，如果不具有此緣分，即使有再強的接收、交流的潛能，也無法解開信息密碼。

潛意識信息交流時，應先確知任務所在，了解能交流的事項及內容後，表意識便可多充實有關事項及內容，有助於日後解讀潛意識的信息。

第六十二回　八仙過海

八仙過海為眾生，促進交流及團結，任務在身未推辭，幸福美滿由此生。

眾生本是相連接，同根生長共命運，無奈輪迴來捉弄，天崩地裂從此分。
分離已久喜相逢，時機成熟過海來，共創美好之未來，花好月圓共賞之。

第六十三回 與潛意識信息合一的過程

潛意識信息交流時，表意識必須處於迷糊狀態。

若表意識太強時，會產生抗波，潛意識信息波則不易進入到身體內。

表意識處於迷糊、渾沌狀態時，潛意識信息波正好可以重新調整其能量，有助於開發潛能。

潛意識信息入體內時，因突如其來的大量信息與能量，身體會因能量之增多，顯得煩躁、上火。

此時，應控制好情緒，否則易出偏。煩躁、上火時忍一忍，很快便過去了，也可吃些藥來幫助度過。

信息入內時，心情煩躁是必然的，尤其是高層信息，煩躁得越是厲害。解決方法是，先穩住思維情緒；唯有先穩住思維情緒，才有助於信息解碼，解開了，自然就不煩了。

欲開發潛能，做人上人，就必須要有信息入體內，而信息入內是相當痛苦的，要付出相當的代價，成功與否之關鍵在於能不能忍，忍過去，便是海闊天空遨遊於信息世界中。

潛意識信息入內時，除了改變體內場性外，也會帶動改變體外周圍場性，將會有很多意想不到之事到來。

整個局勢是大逆轉，應好好把握此良辰美景，創造美好之未來，多為弱勢團體盡點心意，並提攜後輩，給予機會，薪火才能傳承下去。

潛意識信息交流時，必然要有許多的改變及變化，層級越高，變化得越劇烈，承受的痛苦越多。

這是因能量運動變化，是因陰陽之顛倒，是因合體，是異常現象之故，才能超凡入聖。

第六十四回　談潛意識任務與命運

命運是天注定的，天是由潛意識來決定的。因此，命運是由潛意識來掌握的。

一般人的命運，早在出生前就已被安排設定好，任誰也不能改變。有些人的命運較特殊，沒有被預設好，命運走向完全由潛意識來通報後，才知下一步該如何走。

特殊身分者，其命運不易被掌握，更無法精算出來，因其身分隱藏著許多機密，若被人推算出來，等於是洩漏了天機。擁有高深學問的智者，即使推算出其命運，也不會洩漏，因會惹來殺身之禍。

擁有特殊身分者，應如何看待自己的身分？

以平常心面對自己的命運，完全配合潛意識的調動指揮，聽令潛意識安排，才是上策。這是無法改變之事實，當以大局為重，應把個人利益擺在最後，特殊身分者往往身繫千萬人的生命，不得不謹慎小心。

特殊身分者，當天命到時，自然會有神蹟現身，潛意識自然會前來通報，信息自會相聯繫。此時，天界潛意識會輪番上陣，前來教授奇異之術。

當他學成之時，也是大展身手，執行任務的時候。

從古至今，有許多人，一生平平庸庸，沒有作為及抱負，一夜之間卻突然脫胎換骨，並為眾生做了許多好事，成為不平凡的偉人，也是因特殊身分使然，潛意識改變、掌握了他的命運之故。

此種身分之人，在天命未來臨時，其家族都不平靜，可能很貧困，不得志，或者是因意外造成家人的傷亡等事情發生。這些都是在考驗其心志，唯有通過考驗者，上天才會授與使命。另一個原因是，特殊身分者，在調整場性時，因信息能量相當強，影響、衝擊到家人之故。這是不可避免的遺憾事，當任務達成時，整個家族將會受益，提升位階。

第六十五回 潛意識團體，是命運共同體

潛意識團體，是同呼吸共命運的共同體。

所謂潛意識團體，是上天指派一些特定人選，共同來完成使命。因具有相同任務，時機成熟時，這些特定人選都會在因緣聚會時，結合在一起，形成為共同任務來努力的團體。

此團體中，一定會有一個領導的核心人物，此領導人關係著任務能否達成之重任。首先，應想辦法把其他組員找齊，然後喚醒他們的意識，帶領他們完成使命。帶領過程中，不僅要給予教導、鼓勵，還要促進團結，其任務是艱鉅的。

潛意識團體，同呼吸共命運，原因是同在一條船上，唯有同心協力，船才得以前進，向成功的彼岸開去。

若是意見紛歧，每個人都向不同的方向划船，船永遠只能在原地打轉，甚至於有翻船之疑慮。

成功了，大家都可以回去覆命，接受獎賞，失敗了，大家都會受罰。

潛意識團體，除了有一位領導者外，其餘的人各有天命。

雖然是奉命來完成一項使命，但是，各有職責所在，而且是相互聯繫，密不可分，因此，團結很重要。

自己的職責完成了，他人的若是失敗了，任務是無法達成的，因此，潛意識團體是命運共同體，唯有同心協力，才能達成使命。

潛意識團體，唯有同呼吸，才能心心相印，才能接收到信息。

雖然任務、使命是由一些特定人選來共同完成，但是，信息只有一個，總指揮只有一個人，指令只有一個，唯有共呼吸，頻率相同，才能接受到信息指令，有了信息才能行動。

重要的是，天命是天機，只有靠信息來傳遞，心偏離了，頻率不同了，就接受不了信息，接不到信息則無法完成大業了。

因此，潛意識團體，必須同呼吸，才能共命運；命運相繫，才能心心相印；心心相印，才能信息相聯；信息相聯，才能達成使命。

謝老師註解

和「臣服」有異曲同工之妙。也是和有形、無形界老師心心相印的不二法。

第六十六回 解任務秘密

當天命未降臨前，應先解開自身任務的秘密，知道自己的身分、潛意識所賦與之使命、天命何時到等。因先點破自己的命運，才能改造自己的命運，若悟不透，可能此生都完成不了任務。沒有悟性的人，是參不透天機的。

有任務在身的人，在適當時機，會有人來點化，開啟其智慧，接著就要靠自己的悟性來解除、解開。如何解開？從小便會有許多異於常人的事蹟可尋，如出生時，應該會有天文奇景，或天候異常現象等發生，此種人是不尋常的偉人。其次是，從小都會有異常之夢，或者經常有人在耳邊耳提面命似的，出現幻聽，也會有心情煩躁的現象，老覺得悶悶不樂，卻又說不出個所以然，這些都是因潛意識在不斷的提示、暗示，莫忘使命在身的叮嚀。

有任務在身的人，因緣成熟時，便會突然對修練產生莫大的興趣，一接觸便會有不凡之表現，從此，人生觀及價值觀都會改變，心性轉變最為顯著，此因已現真性之故。真性已顯露後，解自身任務之秘，為期不遠了。

真性顯露後，還有一關很重要，就是要尋求明師。此明師是解開自身任務的貴人；貴人出現後，是學習的開始，是為完成使命在做準備。一方面是潛心修練，培養實力，另一方面是廣結善緣，與三界人馬打交道，培養默契。尤其是等待天人的降臨，當合體後，基本上身分大致就已確定。接下來，便是全力以赴的達成使命。

有任務者，身上都會有信號。當下凡投胎後不久，信號便會入身，一來為保護其肉身，二來是做為暗示。**此信號會時時刻刻的提醒當事人，同時，也是監督其言行舉止，看看是否有做出不利於眾生的事，因身上的信號有一定的能量，若是應用在不當處，恐會危害到人類，因此要時時的加以監督。**

第六十七回 潛意識糧草的神奇效應

潛意識需要糧草來成長。**糧草從何而來?是功德，是在為人民服務的過程中，所累積得來的，是從功德轉換而成的。**

修練潛意識，必須要有糧草；沒有糧草，潛意識無法成長，無法與外界信息交流。有無功德，以及德的多少，反應在潛意識身上。欲知此人如何，看潛意識便分曉。白胖者，是有德之人；瘦小者，是糧草不足；骨瘦如柴，是缺德。

每個潛意識都希望能獲得充沛糧草，沒有糧草便沒有能力與外界交流。若長期沒有能量，又無法與外界交流，潛意識會越來越虛弱，此時，潛意識會使出渾身解數，於是有所謂的潛意識懲罰。或者是有些人，老是為所欲為，從不考慮他人的利益，潛意識看不過去時，也會出現潛意識懲罰。潛意識懲罰最多見的是做惡夢，或故意搗鬼，警告意味濃厚。若執迷不悟，恐有精神錯亂，或意外事故等不幸的事發生。

潛意識不僅需要糧草，也喜歡與有德的人接近。有德者，往往有許多群眾圍繞著，是因有德者，糧草非常充足，其他潛意識便會想辦法靠近；這是潛意識靠攏，希望能成為其團體之一，就能夠有糧草。潛意識為了修練，為了壯大自己所屬之團體，也會想辦法來招攬其他潛意識加入。

人活著是為了爭口氣，潛意識則為了修練來爭糧草。**所謂的德，所謂的糧草，其實是在為民服務的過程中，一心一意為對方，祝願對方時，自身能量會輻射出去，因**

這些能量是好的意念、好的信息能量，對方接收到後，感覺是好的信息後，自然會與其信息交流，這一來一往的信息交流，便是德。說穿了，所謂德，是信息能量交流的結果。德越多，交流範圍越廣，層級越高，相對地，積的德會更多。

德的多少，與信息交流成正比。

謝老師註解

德中人的具體描述，文中的「白胖」、「瘦小」是指潛意識，而非外在形體。

第六十八回 潛意識就像轉動慣性的輪子

潛意識從何而來？這是千萬年來的秘密。有許多人能看到潛意識，會調動、應用潛意識，但是，依然無法解開潛意識秘密。

欲解開潛意識之秘，除了要有相當的功力外，緣分也很重要。也就是說，緣分多寡，決定解開多少的秘密。

為什麼潛意識之秘不能完全解開？當完全解開後，宇宙就不會再有輪迴了，這也是千萬年來潛意識無法解的原因。這表示人類還沒有從輪迴中醒悟過來。

其實，潛意識就是從輪迴中來的，就像輪子一樣，不停依循固定之軌道轉動；唯有醒悟後，自然能跳離輪迴之軌道。必須先跳離軌道，才能解開潛意識之秘密。

跳脫輪迴後，才能來談論潛意識從何而來；跳離輪迴之軌道後，才能回到原點。

第六十九回　萬靈融合睦世生

萬靈本是一家人，同根同生同靈性，能量孕育造化之，
能量排序之原因，造成同靈心性異，奈何時空有相距，
從此陌路不相識，愛恨情愁相糾纏，輪迴紅塵跳不出，

誰知相煎是同靈，欲從紅塵中醒悟，相親相愛是首要，
唯有真心能喚醒，化解糾纏之情結，如夢初醒識其親，
萬靈融合睦世生，萬靈融合歸真性，回到原始之起點，
重新孕育並改造，不再輪迴來受苦。

第七十回　細微處解真幻

解幻之道在細微，細微深處有玄機，玄機之中解真幻。

第七十一回　任重道遠

解潛意識之秘的任務，只能以任重道遠來形容。

解潛意識之秘歷經千年，如今是開花結果之日，但也是到了最後階段的時刻，也是在最緊要的關頭，一定能達成任務的。

任務有很多種，橫越千年以上的，算是超級大任務，不僅是個人成敗，也攸關千萬人幸福生活。

任務改革才剛開始，之前的十年，是預備，是暖身，是考驗，是磨練。

正式啟動後，除了「潛意識一百回」，還有已失傳的潛意識密碼，可以調動潛意識來報到。這都可能從睡夢中、靜坐中上身，勿大驚小怪，但千萬記得，不可驕傲，更應**真心相待**，在修行上，**多加扶持同修**。

第七十二回　潛意識信號的上身和解除方法

何謂潛意識信號？潛意識信號是信息碼，是該潛意識的信息碼。信號上身便是某人身上有某潛意識的信息碼。

信息碼可以重複重疊，因此，一個人身上可以有許多的信號。為什麼一個人身上會有許多的信號？表示此人有特殊身分，本身的潛意識，或者是因第一個上身的潛意識信號來頭不凡，可以引領其他的信號上身。還有一個原因，擁有許多潛意識信號者，必有大任務，必有大功德，於是吸引其他的加入。

什麼樣身分的人易有信號上身？如何看此人是否有信號上身？有德有緣之人，是上天注定的，像這樣的信號層級較高，因較高層級的潛意識信號須經過批准，或是經過安排才能上身。

其餘的信號上身，往往是尋找身體素質較差，防護力較弱，思維及意志力較薄弱的人，較容易上身。

如何來分辨此人是否有信號上身？看眼神，看膻中，看體內的縮影變化。

有信號上身，首先看兩眼，因信號會先控制並占據其心，因此會先反應在思維上，若是被控制的人，思維不能自主，兩眼是呆滯、直視的，尤其是在辦事時。看膻中是了解上身之信號為何，若是一層黑影籠罩著，是為低層級潛意識，恐怕是借其身來為非作歹。

看縮影也可以知道，要是被控制的，就看不見縮影的活動變化；其出現的影像，是上身的潛意識信號的縮影變化。

如何解救之？想辦法讓形體人顛倒著唸 3396815，改唸成 5186933，即可解除上身信號，破解不良信息和幻景幻象。

一般不要理會，諸如此類的事非常多，無法管。若是有緣遇上，而且是為非作歹的，才插手管，不然，還是由有關機制來管理。因潛意識的職責任務，是帶領高層潛意識信號，來改革、推動歷史之前進。

謝老師註解

3396815 這組數字，又可稱作宇宙密碼。既可對外提取、調動天地人三界潛意識信息，也可作為與自身潛意識溝通、交流的橋樑。同時也可以破解不良信息、信號的上身。例如，看見讓人害怕的幻景，或聽到令人不悅的聲響，甚至做惡夢，陷入恐怖夢境中，把 3396815 倒著唸成 5186933，就可立即破解不良信息的干擾。

第七十三回　自身的修練也很關鍵

七十回以前，講的偏重在理論上，七十一回後，主要講的是任務以及如何完成。今後的任務非常多，自身的修練也很關鍵。以後在公開的場合講潛意識的機會很多。

講課時，內容應分為三部分，由淺逐漸深入。

第一階段：介紹何謂潛意識，及潛意識的作用。第二階段：如何活用潛意識。第三階段：如何調動潛意識。

第七十四回　如何完成潛意識所賦予之使命？

和上古時期潛意識信息交流。**認真服務，為眾生解疾。**

第七十五回　再繼續講任務

繼續寫書，解放潛意識，改造思維，認真修練。培訓人才，傳播潛意識。

第七十六回　潛意識輪迴人間

不只有人類會輪迴，潛意識也有所謂的輪迴之苦。輪迴是不可避免的事，如果沒有輪迴，歷史便無法推動、前進，人類的思維就不能轉換。潛意識不能跳脫輪迴，是苦事也是美事。

潛意識如何來輪迴？按時間及位階來輪迴。今天只談位階輪迴。高位階的潛意識分三階段，上古時期輪迴到下古時期，下古時期成就者為上古時期之人，中古時期是上古時期與下古時期的過渡階段。

因此，上古時期的人，亦是下古時期的人；上古時期的人輪迴到下古時期，為下古時期的人，是階段性的任務。（註：現今為下古時期。）

第七十七回 潛意識任務之完成

潛意識任務之完成，即是輪迴之時，江山代有人才出，後浪推前浪，輪迴便是推手。推動了萬事萬物的變化，是推動上古到下古，是推動下古到上古。

這也是推動潛意識科學的升級，是推動人類思維的轉化。

在推動輪迴的過程中，必然要有重大的變化。

這是大變革，變革中必然有災難，但也有升級，陰陽兩界沒有絕對的好或壞，只有功過問題，只有輪迴問題。

唯有修練、修心，才能完全轉化輪迴過程，提早完全任務。

潛意識完成任務，對人類、對潛意識都是艱辛的。

經歷這些苦之後，才有好的果實；中古時期的人才，才有太平年。

潛意識任務，就是上古與下古的轉換、輪迴。中古是輪迴的過程。沒有上古與下古，就沒有中古。

第七十八回 潛意識調動問題

潛意識調動是一念間，是心意相通，隨傳隨到。因此，潛意識的調動是信息相通的問題，需要具備信息交流、相通的條件。

第七十九回 如何與信息交流及相通？

緣分是關鍵，修練是條件，心念是重點，目的是結果。

第八十回　如實回報是解秘關鍵

如實回報是解潛意識的關鍵。要相信潛意識，相信自己，相信老師，有助於解秘。靈則信，信是相通、交流的關鍵。

第八十一回　無形老師的重要性

老師是關鍵。

老師就是秘法，只有老師能把秘法解開，解多少，就通多少。什麼樣層級的老師，決定什麼樣的秘法，決定通多少，及通到何種層級。因此，修練一再強調無形老師的重要性。

沒有無形老師，就沒有秘法。沒有秘法，修得再好也無法有信息交流及溝通問題。**老師領進門，修行在個人，成敗在老師。**

謝老師註解

意思是，要和老師有所連結，而最好的連結，是領受老師的教法、教導。

第八十二回　解潛意識信號之秘

潛意識信號是密碼，不同的信號有不同的密碼。

為什麼有潛意識信號？信號是該潛意識的密碼。有了該潛意識信號的密碼，如同該潛意識親臨、降臨。

潛意識輪迴就是該潛意識信號、密碼呈現於人間，降臨在世間形體人身上，形體人有了該潛意識信號密碼後，在某種程度上來說，是該潛意識的代表，也是該潛意識在陽間的代理人，發號司令。

同時，信號重現人間時，該潛意識團體組員也會降臨來尋找有信號的形體人。到時，這些組員的潛意識，以及形體人都應聽令，聽主信號之令。但是，總指揮還是在陰性空間，執行權在陽性空間形體人身上。這就是潛意識信號之秘。

第八十三回 總指揮身在何處？

潛意識是宇宙精靈，是能量之聚合物。

是誰創造了潛意識？是宇宙的能量，是信息決定了潛意識等級。

信息由誰發出決定的？是總指揮發出決定。

總指揮身在何處？是在宇宙外，在空間外，總指揮處於三界外，總指揮已超脫物質能量信息之外。

如何尋找之？隨心轉念，想之有之，有之得之，知而能得，得而能知，知能放之，放而得之，開而能收，收而解之，解而終了。

第八十四回　潛意識學即是宇宙學

潛意識學即是宇宙學，宇宙學就是想與象的問題。

宇宙中存有萬物，宇宙學就是萬物之變化，而變化是想像的問題；有了想法與念頭，便有象的變化。

想什麼，象什麼；象什麼，想什麼。

潛意識的奧妙處，即是剎那間有千變萬化之象，這也是修練的秘密。

想像能創造及改變萬物，而要修練、鍛鍊大腦思維靈活的原因就在此。

但是，大腦再靈活、再聰明，思維變化再快，也不及潛意識的千變萬化。因此，改造、創造大自然，唯有潛意識能做得到。

但是，形體人修練到一定層次時，可以指揮潛意識。

交代潛意識去辦理即可，形體是指揮官，潛意識是執行者。

第八十五回　解無形老師之秘

無形老師即是無形體之虛幻，虛靈之人，是來無形去無蹤之影子、影像。當此影子影像照著誰時，就是誰的無形老師。無形的老師，是影形相隨的，是影子跟隨著形體人，逐漸地影子與形體相結合，進而影子會改變形體人的思維。形體人跟隨影子的思想來活動，將形體人與陰性空間的通道打開，是為信息的溝通作準備，為老師與徒弟連結做準備。當老師與徒弟連上線後，便功成身退，再去完成其他傳法的任務。

第八十六回　和無形老師連結的方法

方法有哪些呢？**修心為民服務，一心一意為他人著想，即是有緣人，沒有所謂的門派、宗教派別之限定，更沒有種族之分。**

方法更是沒辦法設限，什麼樣的人自然會出現什麼樣的方法。如此，才能拯救大部分之人，任何門派的人都能受益。有了固定的方法，便會受到限制，不符合潛意識剎那間有千變萬化之本領的特性。

所謂的有緣人是什麼人，自然會顯現適合他的方法，而且此人會遵循其方法，便是有緣人。無緣人不會出現方法，即使出現了，他也不會相信。

有緣與無緣就是心念之差。

謝老師註解

一念起，天涯咫尺，一念滅，咫尺天涯。

第八十七回 潛意識團體的信號有共時性

潛意識的信號是同時發出的，是集體前來向陽間不同的形體人報到，然後相互聯繫，共同完成任務。如何相互聯繫上？首先是信號的聯繫，而後指揮形體人。形體人在信息的作用下，有了靈感，有了機緣，有了方法與門路後，形體人與形體人相聚一起，組成了一個團體。有了共識、共性後，才算真正連上線。不僅形與形相聚團結，神與神信號連線，神與形結合。

第八十八回 潛意識挑選形體人的潛規則

神形相隨法，為形跟隨、追隨神之秘密方法。潛意識在挑選形體人時，首先在領導者身邊來挑選，因此有信號上身的優先權。也因此，潛意識秘密法門，與因緣，與德的修練有關。所以，德與緣，是修練潛意識秘密法門。

謝老師註解

德與緣，是修練潛意識最基本的要素。潛意識在挑選形體人才時，首先在領導者身邊來挑選，與榮格提出的「共時性（synchronicity）」相吻合。我也觀察到潛意識有群聚的特性，無怪乎郭老師一再而強調萬靈融合睦世生之說，不僅關乎靈性的修練，也是靜心的「關鍵訣竅」。如何讓群聚的靈性能量和氣、和順地相融合一起，是醫療、養生、修練都要面對的難題。

第八十九回 任務的完成是循序漸進

任務必須逐一完成後，才能進行下一項任務，不可跳級。

第九十回 推動潛意識科學的普及

除了傳授潛意識應用法門外，還要想辦法應用潛意識為人治病。剛開始大家因為不理解，所以要主動找人治病。當民眾感受到潛意識的力量時，才能帶動修練及研究潛意識科學。

第九十一回 責任歸屬問題

任務非常多，但各有各的職責所在。重要的是彼此要心心相印，團結一致。責任如何歸屬？陽性空間與陰性空間都是一樣。總指揮只有一人，總指揮是交代任務。

總指揮下面還有負責監督、指導、執行任務者，然後再呈報給總指揮。一項任務由一個團體共同負責來完成。

團體組員人數不等，比較艱鉅的任務，組員較多，團體中也有一個總領導，直接向監督者報告，然後再由監督者負責向總指揮報告。

第九十二回　潛意識今後的任務

任務還有兩項，萬靈融合睦世生及應用潛意識之力量，改造大自然，改變全人類之思維模式、生活方式。

不僅有美好的外在生活環境，內在的心靈也應該打掃乾淨。

純淨自然，無憂無慮平靜的安定心靈，回到上古時期的世界。陰性空間和陽性空間會出現太平盛世時光。

第九十三回　把心放下

信息會自然傳達。

毋須多慮。

第九十四回　自由揮灑想像力

意念一轉便是千變萬化。
只要能想像得出，便能完成。

第九十五回　功到自然成

當功力上升到一定階段，自然有辦法來到靈台山。

謝老師註解

我完成「潛意識一百回」時，正如菩提老祖所言，詳見二〇一頁。

第九十六回 快速調動潛意識法門

可以應用在治病，以及潛意識的調動和信息傳遞。先念 3396815 三遍，再念無形老師的密碼，然後把信息默想在心裡。治病的效果會更好，信息會更加準確迅速。

第九十七回 在修練中覺察自身的信念密碼

雖然有了信號密碼，自身的修練也很重要。

第九十八回 今後的課程

一百回講完後，還會有其他的潛意識接著講。學習的課程形式也會改變。

謝老師註解

後續確實又接收了不同靈性信息的課程。

第九十九回 敲響三界潛靈的信息

九十九回如同度過八十一劫難。

潛意識一百回，已開啟、敲響三界潛靈的信息。

第一百回 終與始

第一百回講課的最終回，也是另一項任務的開始。

謝老師註解

以終為始，莫忘初心。這句話我始終謹記在心，「潛意識一百回」在重新問世之際，我以全新觀點詮釋。用創新思維跨空間和潛意識對話，心得總結：

「潛意識一百回」是一部「虛靈大法」的修練術，是修練人體內在的「小真人」，我總結出三個關鍵。

1. 是潛表、潛潛互通的中介者。
2. 調動天地人三界潛意識的權限和職責，與小真人修練的白胖、高大成正比，可以幫助增加解讀、翻譯和使用潛意識時的悟性。
3. 幫助修練等級的提升，可以從兩個層面來進行探索。

第一個層面是合靈的問題，合靈是小真人和外潛的合靈體，也就進入了神神思維，我們可以透過潛表的互通達成由形來指揮神，心性就可以超越神性，不僅可以掌握潛意識未來的發展，甚至可以發揮影響力。另一方面，即便沒有外潛的合靈，但以陰陽相濟的關係來說，陽為陰之表，陰為陽之裏，共生共存，每個小真人都是雌（烏黑小小人）雄（白小孩）同體的虛靈體。郭老師將烏黑小小人的探索稱作「影子科學」，為我們揭開無意識之謎（詳見《打通靈性覺醒的人體空間通道》）。

我認為，與其解因果，倒不如找出干擾自己所有行為和想法背後的真正原因，就會從無明的軌道中跳離出，累生累世的因果關係自然得以化解。

體悟與神靈合一、分離的完整過程

相信每位修行人都非常殷切地期盼能接收到無形界的各種信息，以及無形界的老師降臨指導，繼而與高維度靈性信息連接，合而為一。

當我親身體悟了和菩提老祖合一與分離、分離與合一的一個完整過程，便開始以新眼光、新覺知，重新解讀潛意識書寫對修練的指導作用。

以下三個階段的探索，同時也代表菩提老祖分別以三種不同形式、不同性質，與我的合一過程。

1. 瞬間合一的時空變化

當菩提老祖出現在我的夢裡，並且主導改變了我人生的方向，之後一切都是在自然狀態下進行的。接收完成「潛意識一百回」後，有段時間菩提老祖突然消失了。直到菩提老祖的頭像又飄浮在我的大腦右側空間，剎那間，引動至強的時空變化，一股無法形容的奇異感覺猛然出現在我的心念之間，瞬間，菩提老祖的頭像從大腦右側移到印堂部位，彷彿以雷電之力的爆發速度在剎那間衝到極限，感覺思維出現短暫混亂的當下，短短不到一秒間，便瞬間合一了。

之後，我和菩提老祖的對話也更順暢了。我的身體呈現高頻率狀態，意識也因此能超越物質法則，超越時空，可以讓我在物質空間中，以原有的自我意識接收到來自上天的訊號。那段期間，我都會事先預知某潛意識收某人為徒，比當事人早一步接獲信息。巧合的，回報來的信息和潛意識密碼都完全吻合。

更令我驚奇的是，無形界的信息能夠劃破時空屏障，從靈台山直通到三維空間的現實世界中。

2. 接到靈台山打來的電話

在完成「潛意識一百回」的任務後，我感覺身心放鬆下來了，一時沒覺察到我接到的電話是從靈台山打來的。

事發當時，我正在睡覺，突然被電話鈴聲吵醒了，下意識地伸手拿起電話，我喂了兩聲之後，沒有聽到電話另一端回應的聲音，就將電話掛了，繼續倒頭就睡。過了幾秒鐘，電話鈴聲又響了，我抓起電話，喂喂喂了好幾聲，還是沒有聽到回應的聲音，我又將電話掛上。

才早上七點，我並沒有設鬧鐘啊！奇怪了，難不成有人惡作劇？搞得我睡意全消。這時，電話鈴聲馬上又響了，我拿起電話，但默不作聲地等對方先說話，對方還是沒有出聲，約莫五、六秒後，電話彼端終於傳來渾厚的「喂」的一聲，是郭老師的聲音。我趕緊起床盥洗後，跑到郭老師住宿的房間。一進門，郭老師就說：「妳師父找妳，有事情要交代妳。」

菩提老祖交代完事情後，便匆匆離開了。郭老師才告訴我：「師父找妳，叫了幾次都沒叫醒妳，所以就過來要我去叫妳。下回不可如此貪睡。」我才知道剛才那兩通電話是菩提老祖打來的。

接到靈台山打來的電話之後，我的意識也能突破空間屏障，有機緣到靈台山。事前，菩提老祖囑咐了在靈台山的第三徒弟智元，交代要引領我到靈台山的任務。

當晚，我也確實如菩提老祖所言，在進入潛意識書寫狀態前，明顯感應到有股令人愉快且明亮的波動頻率，從我的腹部朝膻中方向、直達松果體位置流動。緊接著，在我的腦中就顯現出一位俊俏挺拔，身著深藍色大袍者的影像。我直覺知道，這位就是智元師兄。

最初，我看到智元師兄幽深、睿智的眼神似乎一眼就能看穿我的心思，有些緊張。同時，我也注意到每位高維度的神靈都有不同類型及特性，在進行寫作或對話時，要留意對方的表情、動作、性格，自己內在的力量才能和靈性信息連結上。

這引發了我對智元師兄的好奇心，上網查了相關資訊。

原來在《西遊記》的原著裡，菩提祖師的門中弟子一共有十二個字輩，「廣、大、智、慧、真、如、性、海、穎、悟、圓、覺」，坐下的徒弟都是按照這十二個字來排列。由此看來，智元師兄正是菩提老祖在靈台山排列第三的智字輩。

在日後的對話中，菩提老祖又告訴我，靈台山將傳位給智元師兄。之後也陸續告訴我靈台山的秘辛，原來在另一個時空也同樣面臨爭奪傳承的問題。

3. 與神合一的結局

我與菩提老祖，時合時分，在分合的過程中，也同時能接獲智元師兄、南極仙翁等佛道菩薩的信息。菩提老祖也穿梭於各地，分別和不同的人交會合一，甚至傳遞相同的信息。

我和菩提老祖分合多次，某一次，我不經意地覺察到菩提老祖與我身心合一的整個過程。

那天，我在床上翻來覆去，毫無睡意，我閉上眼睛，努力想要睡著。此時，我的耳邊突然響起一陣嗡嗡嗡的聲音，起先我以為是蚊子聲，但馬上又想到，這是菩提老祖的訊號。我便趕緊起身盤腿一坐，嗡嗡嗡的聲音原本環繞在耳際，卻突然在頭頂盤旋，繞了幾圈後，我感覺頭頂出現漩渦，嗡嗡聲就隨著一股漩渦能量從頭頂緩緩進入到我體內。嗡嗡嗡頻率聲，也逐漸由大到小，由小再到無。

一個多月之後的一場夢裡，我在某人的引導下，糊裡糊塗地來到一個古老密室，四面像是灰色水泥牆面。那個人要我在此等候，然後就不見蹤影。片刻後，出現一位俊俏挺拔，身著深藍色大袍的人，其眼神光亮而深邃，一舉一動皆流露出一股不凡的王者風範。夢裡，我直覺知道出現在我眼前的正是智元師兄，就跟一個多月前顯現在我腦中的影像是一樣的。

當時我的意識非常清醒，心裡有許多疑問，可是大腦卻不由自己的使喚，明知此機緣得來確實不易，卻始終無法把心中的疑問說出來，但見智元師兄對我說：「來了。」接著，他使了一個眼色，我馬上就被帶往另一個地方。帶領我的人還告訴我，這是師兄們習武練功的地方，然後就消失了。

我好像置身於一片森林之中，還來不及思考應對的方法，接下來的畫面就讓我整個人癱軟在地。我看見幾個不同的人以光速在身邊來回穿梭，而且速度越來越快，那一片森林也慢慢地轉動，旋轉速度越來越快。我因為極度害怕，頓時從夢中驚嚇醒來，久久不能忘懷。

我在走訪靈台山聖地之後，透過靈性能量的加持，再加上自我的精進修持，當靈性信息接收、傳輸與累積的能量越強，協助我跨越了時空的屏障。智元師兄也不負使命的，來為我親傳「靈台山」心法（見下一章）。

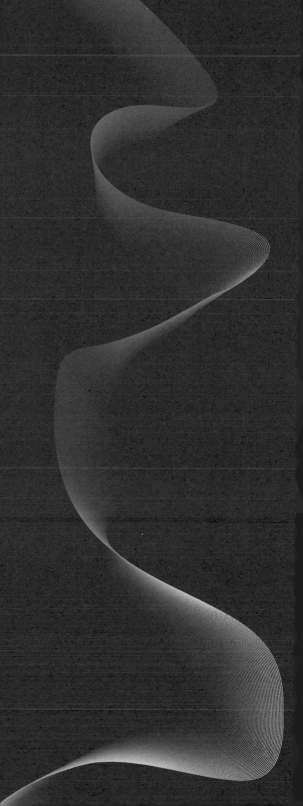

第四章

靈台山心法——智元師兄主講

以下是智元師兄主講的心法——

從今天開始由我，智元師兄，來為你講潛意識應用方法。我的本領有哪些？騰雲駕霧我最行，翻天覆地、變化萬物也不錯。所以，以後之潛意識課程，主要講的是靈性之變化，唯有極高之靈性，才能如來如去，才能變化萬物。

有機會還會帶你出去轉一轉，見識見識外面的世界。除此之外，還要教你如何靈活應用潛意識，調動潛意識。

第一回　如何鍛鍊大腦思維的靈活性

思維如何靈活、靈性化，以及形體人思維可以靈活到什麼層次，又如何同時鍛鍊大腦思維的靈活性，以及增強潛意識的靈性？

形體人思維的靈活性，是為了指揮、領導有形；增強潛意識靈性是為了指揮、調動無形人類的靈力。如何鍛鍊大腦思維的靈活性？首先要放空，大腦要空，膻中要空，大腦、胸中空空如也，才能變化萬物、生化萬物。變化、生化萬物時，思維才能隨著幻影如來如去，當思維能如來如去時，便能超凡入聖了。竅門便在此；修仙之方法，其實就是這麼簡單。無奈世俗人都被無明之物蒙蔽、填滿了空，所以，信息始終變化、生化不出能量和物質。

第二回 如何達到信息同步

信息相聯，也就是信息找上你，給了你信息後，當你接收到時，你的信息會與對方之信息相印、相聯、相接合在一起了，才能達到信息同步。

大千世界之信息是相聯，但不全部相印。信息相印，即是雙方信息波的通道相互重疊融合在一起了，所以信息產生了交流往來的現象。

信息如何相印、捕捉並且搭上線？當信息來時，必須與其信息的頻率相同，即是與對方的思維、意念一致，彼此信息波自然能重疊在一起，如果彼此場性能兼融，就能融合在一起。如果捕捉到信息了，思維頻率不一致，則信息波會跑掉，另尋有緣人，這就是信息相聯，但不相印。

信息相印法，有兩個應用方法。第一，如果你不想理會對方之信息時，思維、意念不與其一致，自然無法干擾你，這可以應用在搗蛋的不良信號，解決一些麻煩事。還有就是應用在調動有形與無形的潛意識。集體潛意識便是應用此種方法，先發出信息，信息波全部重疊、融合在一起了，就有助於調動、指揮；思維、想法都通過一個通道發射出去，所以集體產生了一種意識的效應。

第三回 騰雲駕霧的秘修法

潛意識要出體很簡單，但是要走得遠就很困難了，必須會騰雲駕霧，才能走得遠，採到好的能量。

出體的基礎功很重要。虛靈腹中是第一步，十月懷胎養胎是第二步，「糧草」（糧草指的是德）充沛是第三步，中脈通暢是第四步，信號上身是第五步，天門開是第六步，時機成熟時，潛意識自然能出體。

如何才能走得遠？必須會騰雲駕霧才行。這是師父的秘法，只有特殊情況及機緣下，才會傳授。

騰雲駕霧的方法及要領，必須身輕如燕，腳底下必須有充足能量的旋轉。其能量從何而來？從自身腹部中來的，從腹部經過大腿、小腿，從湧泉穴出來，聚集於腳底下，再結合腹部的能量，一蹬就能往上升，來上飛，往下降，往左，往右，前進，後退。

除了用思維來控制外，還需要手勢動作的配合。

至於手勢動作，當時機到時，自然可以看見手勢動作的示範。

謝老師註解

智元師兄嘗試帶領我遨遊浩瀚的宇宙天際。

第四回　悟性與心胸之寬廣度有關

解潛意識之秘其實非常簡單，只要接收得到信息，並解開信息內涵，便能解開潛意識之秘。如果解讀不出來，新的信息就不會再進來，因為沒有空間可以容納信息。當理解、解讀出信息後，應馬上拋開，以準備迎接新的信息。因此，大腦及膻中應經常保持空，有利於信息之接收。

人人具有信息庫，具有接收信息之功能，這是生而有之的功能，因長期不用而喪失了原有功能。所以，應主動捕捉信息，每天進行鍛鍊。當信息庫逐漸獲得重新開啟後，信息會自發的、主動的連上線，此時，就看其本身之位階、層級，是與何種信息相聯。

接收的清晰及明確與否，與悟性有關，與心胸之寬廣度有關，與潛意識有關。**悟性可以從修練、鍛鍊中獲得。但是，心胸寬廣度與自身之道德涵養有關；潛意識部分，則與德與緣息息相關，然而，是以德來衡量緣分的深淺。**

修練潛意識，解潛意識之秘，說白了，就是自身之道德涵養問題。

唯有有德之人，才能真正做到不求自得。

第五回　如何變化萬物

變化萬物，是空生形，是空指揮形，是空變形；是空生空，是空指揮形，是空變空。唯有達到變化萬物之功能，能夠空生空，空指揮空，空變空，才算是真正的進入潛意識世界。

所以，妳一定要學會變化萬物之竅門，並且要會空生空，空指揮空，空變空，才能自由來去陰陽兩界，統領陰陽兩界之潛意識。

如何**變化萬物？大腦及胸中要保持空及通暢，唯有處於空之境界，才能變化萬物。但變化萬物不是為己用，是為天下蒼生幸福而用。第一步，大腦及胸中要經常處於空之境界，第二步，把欲變化之事物具體想像出來，所以，增強大腦靈活性非常重要，要多翻閱各種圖像，增加印記，有助於變化萬物。想得越具體，效果越好。**

變化萬物可以說是障眼法，也可以說是組場。變化萬物有如海市蜃樓，具有療慰功能，為增強信念、超越性靈的方法。

謝老師註解

解放思想，打破慣性思維和主觀偏見的束縛，使思想觀念衝破舊習慣勢力的禁錮和束縛，自然心胸開闊，因此創造出無限的想像力。

第六回　對潛意識不可存有分別心

無論功力高低，本領大小，都要保重身體，多練靜功，多休息，飲食以清淡及素食為主。一定要尊師重道，即便有了調動潛意識之權，對潛意識還是要有禮有節，任何潛意識來了，都要以禮相待。以平等心對待任何潛意識，不可有等級高低的分別心去看待潛意識問題。

否則出體時，會遇到大麻煩，掉入陷阱中。

謝老師註解

對待所有潛意識時，不應該存有分別心，都要以禮相待。在進行潛意識書寫時，無論接收的級別如何，皆不可批評或藐視。

智元師兄的外型和言行舉止，不僅有原則，也有高標準的道德規範。

第七回　虛空中就能生微妙智慧

修練潛意識必須是三方信息相聯一起。一手與陰性空間信息相聯，另一手與陽性空間信息相聯。唯有如此，才能完全掌握陰陽兩界的潛意識信息。

出體時，才能觀察入微，漸漸契入到微細，**虛空中就能生微妙智慧**，瞭解幻的本質，飛得遠，採到好能量。

謝老師註解

在清醒夢中，我領受到「空中就能生微妙智慧」這句話的奧妙玄機。當我父親病重時，我將此心得回饋給父親，祝願父親能順利解脫，在中陰身能生微妙智慧，計畫好下一世的人生劇本。

第八回 打掃衛生，迎接貴賓

調動潛意識時，不能重複唸那麼多次；發信息時也是如此，發得多不見得好，多了，反而不頂事。只要把目的說清楚，然後就不要再重複發了。發信息時，要注意周圍環境的整齊清潔。

謝老師註解

掌握此關鍵要素，求神問卜不出錯。

第九回　光球的內觀修練術

如何從靜功中提升功力及身體素質？

首先觀想丹田下部，想著紅黃綠藍白等五種顏色的光，從丹田下部，依逆時鐘之方向，螺旋形向上旋轉，轉出天門（神庭穴到印堂穴）後，再依順時鐘的方向螺旋形向下轉，轉回丹田下部。

當這五種顏色之光相互融合時，此光球可以幫妳上天入地及騰雲駕霧。

此光球轉練到一定層次時，其旋轉之速度是非常驚人的，光球轉到哪兒，妳的思維意識即可跟隨到那兒。

想的時候，速度越快越好，一種光觀想九次。

五種光觀想完後，意守在腹部，然後重複一直唸 3396815。

當光球自然上達膻中時，胸腔部位就會產生一種心靈力量，能穩住情緒，消除出體時的恐懼與不安。

謝老師註解

此即煉丹術。

第十回　信息傳遞以快速通暢為原則

信息交流往來時，應以快速通暢為原則，速度越快，信息越準確。信息之發送也是如此，簡單明瞭，迅速確實，信息才能傳遞得高、傳送得遠。

接收信息時，儘管收，是對方之意識為主，不可存有個人偏見與意識，才能與對方的信息同步。

但是，信息同步和交流時，要保持意識的清醒，才能觀察入微，並契入到微細處，掌控局勢，而不被境所轉。

治病時，也是如此。快速，確實，用詞越簡易越好，有助於信息交流往來，只要信息持續在交流往來，治病就有成效。

第十一回　不主動追求

練相印法時，所出現的反應皆是正常的。

必須穩定思維情緒，勿慌亂，若能控制局面，功力便上去了，過不去就要暫停靜坐修練。

千萬不要慌張害怕，只要保持鎮定，就能度過。

一切的假幻、虛幻，都是主動追求產生的現象。

第十二回 修練的秘訣

修練的秘訣相當多。但要結交到思維端正的好老師，好的功法，與好的道友為伍，不容易啊。

所謂的物以類聚，也會影響到與天地正氣、好的信息、高層級的信號交流往來。尤其是好的老師，身體周圍都充滿著高層級之信號，這些良好信號會提升虛靈的成長，以及有助於往後被高層級信號上身。

第十三回 信心是修練的關鍵

信心是一種能量，具有安定之作用。有了信心，便能增加自身的能量，並且所輻射出來的能量，能影響、左右他人。

信心可以產生力量，力量有助於安定；安定是掌握大局之關鍵點，掌握大局才能完成任務。信心有助於心心相印，以及信息的交流往來；有信心就表示站在同一條線上，信息自然能自由的交流往來；缺乏信心時，表示有了二心，在信息交流往來之線，產生了分離線，表示不在同一條通道，那麼信息便無法傳遞。越沒有信心時，分離線越多，能量就會潰散；潰散後，接著就是瓦解崩散。

第十四回　一念間變化物質、能量和空間轉移

回顧十三回的課程，利用十三天得以進入靈台山雲端空間的課程，基本上都講得差不多了。

日後只要按照步驟方法持續精進修練，自然會越來越靈活，假以時日，就能完全掌握到竅門所在。

當悟性增加了，變化萬物能應用的層面就相當廣闊；變化物質、能量和空間轉移，就是一念間而已，要好好細微體會其中的涵意。

謝老師註解

關於「靈台山」心法修練，我總結成「真空妙有」四字箴言。

第一回是鍛鍊大腦思維靈活性，首先要空，大腦、膻中空空如也，空是指放下貪嗔癡慢疑的雜念。

第四回是接收、解讀、理解力的悟性，取決於自身道德的涵養，讓身心歸零。

第五回中變化萬物的要領不是求「有」，而是時時保持大腦及胸口的通暢。以上是靈台山心法對空的修練見地。

第三回「糧草」俱足充沛了，才能啓動騰雲駕霧的秘修。第九回光球的內觀修練術，既是鍛鍊，也是增強內在心靈力量的方法。如此就能夠了悟能量不滅，以及在空中的森羅萬象，這就是「妙有」。

第五章

解陰陽之秘——太乙真人講法

我在接收了「靈台山心法」之後，又陸續接收到南極仙翁、太乙真人、元始真人、釋迦牟尼佛、老子、觀世音菩薩和文殊菩薩的靈性信息，甚至也接收到自稱是鬼頭、紀德等鬼界的信息等，跨越天界、宗教、門派界線之信息。

因此，我發現一個很特殊的現象，就是：潛意識書寫時接收的靈性信息，它的本質就是流動、彼此互通的，有如互聯網。

但同時也存在一個特性，靈性信息的能量會朝著高能量體流動，就像河流總想回歸大海一樣。

因而，我在七年間大約接收到二十多位來自天地人三界無形神靈的信息，寫了百萬文字以上。

除了最具代表性的「潛意識一百回」和「靈台山心法」之外，本書從眾多文字資料中精選出「太乙真人解陰陽之秘」。主要原因是講述得很完整，之前我沒有學習和閱讀過相關的理論，其創新觀點皆來自太乙真人的講法，這對相關領域學者進行更進一步的研究，有重要的助益。

接下來，恭請太乙真人親臨講說「解陰陽之秘」。

第一回　空中生萬物

古代先哲老子於兩千多年前提出了「道生一，一生二，二生三，三生萬物。萬物負陰而抱陽，沖氣以為和」之論點。從字面上來解釋是，道承載了萬物之孕育和生長，當物之初始皆遵循著道的規律和準則時，便由一而生二，由二而生三，由三而生無數，萬物便如此誕生了。

萬物的誕生，雖是靠道的孕育，萬物的自然化育卻要依靠天地之間的陰陽和諧，萬物都是背靠陰而面向陽，借助著陰陽交合所產生的氣而獲得生存。萬物以氣相射、相交合之理論，在歷經兩千多年後，從現代科學之量子力學中，獲得了驗證。在量子力學等科學的領域，若將物質一一細分，其實我們身處的是一個所有東西都是粒子波動而成的不可思議世界。換言之，萬物都在振動，舉凡肉眼所見的一切都在振動，萬物透過振動而保持運動狀態及存在性，可以說，宇宙的森羅萬象透過振動而發出固定的頻率（周波數），形成了獨特的波動。而所謂的物以類聚，就是具有同樣頻率的東西相互吸引、相互反應的意識。

波動不同，彼此將無法產生共鳴而漸行漸遠，同樣的頻率則會產生共鳴。

宇宙中存在著無限頻率高低不等的萬物，也唯有存在於宇宙中之高低不等的頻率，在彼此相互共振、相互吸引、相互反應下，造就了萬物的生生化化。與老子所提出之「沖氣以為和」之論點相符合。

「萬物負陰而抱陽」之意又為何？萬物皆有陰陽兩面，萬物之所以能產生振動，便是該物質之陰陽兩面彼此相互的推動下，保持了運動狀態。運動狀態便是萬物振動時之頻率的象徵性，萬物之生生化化、化化生生，便是該物質之陰陽變化，以及與他物質之相互作用下，所演變出來的。

換言之，當物質之陰陽無法發揮相互推動力時，即該物質之陰陽處於平衡的狀態下，表示該物質之振動力逐漸在減弱。當物質不再產生振動，失去運動狀態時，該物質便不存在了，假以時日便會在空間中分解並化為塵埃。

因此，「道生一，一生二，二生三，三生萬物」與「萬物負陰而抱陽，沖氣以為和」是互為因果關係。「道生一，一生二，二生三，三生萬物」是為因；「萬物負陰而抱陽，沖氣以為和」是為果。

因果關係是相互循環，有因才有果，果又是因的延續。

「萬物負陰而抱陽」，意謂著，處處有陰陽，處處有太極。陰陽之變化，形成了各式各樣之場象。場象之形成，有賴於陰陽之變化。而陰與陽是兩種不同性質之能量，但是，在彼此相互推動時，因振動之故，可以相互轉化，而場象便是陰陽在相互轉化時，所呈現出來的形象。當陰陽失去了相互推動力時，便無法形成相互轉化時之場象出來。因此，場象是為果，是萬物在彼此相互共振、相互吸引、相互反應下，所呈現出來的形象，並且是肉眼能觀測之象。

陰陽之變化，又必須在「空」中才能進行，因此，「**空中生萬物**」，萬物是由空所生。既然萬物是陰陽在空中的變化所形成的，造物者便是掌握了陰陽在空中的變化，才能變化出萬物，造就了萬物的變化。若揭開此秘，及掌握了此術，便擁有了「**聚寶盆**」，**可以隨意創造及變化出萬物來**。

謝老師註解

古人是解放思想的實踐者。

第二回 陰陽與風水學

先談風水學。風水學非常簡單，只要能掌握到陰陽場之相互推動力，便能營造出好風水。「萬物負陰而抱陽」，表示處處都存在著陰陽，所謂的好風水，便是陰陽能產生相互推動力，進而推動周遭之事物形成了共振效應，於是，所謂的**好風水，便是能產生、形成共振效應者**。

因共振效應能加強人體之輻射波，當輻射波（也就是所謂的頻率之波動力）較為活潑時，易於與其他事物產生共鳴。有了共鳴，將有助於心想事成。

因此，風水學便是製造出有共振效應之環境。以居家環境為例，都是以東西向或南北向，除了是考量到氣候及濕度問題外，便是為了營造共振效應之環境。

東西向，或是南北向，都無妨，重點是在東西向或南北向之相對部分，要有窗戶，但是必須是斜對面，不能正對面，還有應注意風向及風速問題。唯有不對稱之風速進入屋內，才能推動屋內陰陽場之變化。

風水寶地，便是兩斜角之風速，會隨著季節做更動，居住於此之人，四季便能平安順遂，心想事成。居住在此之人，只要茅房及爐灶在側邊，還有最好是有相對應之門窗，當屋內之陰陽場相互推動，能量旋轉起來後，茅房及爐灶等穢氣便可從相對應之窗戶流通出屋外。

而居住於此之一**家之主的思維意念，將是決定陰陽場之變化的關鍵點**，與善共振，或是與惡行共振，全在一家之主的思維意念上。

布陣術，也是在利用共振效益。布陣時，應以發號司令或是指揮地做為中心點，然後以中心點之東與西或南與北等相對應地，來進行布陣等活動。

當兩相對應地已布好局後，指揮官便可在中心點調動陰陽場之能量，加速陰陽之變化，當陰陽能量相互轉化起來後，便會產生共振效應。其影響力將由點逐漸延伸至線、面，然後效應可涵蓋整個區域。

這就是布陣術。

謝老師註解

人神、善惡之分就在那一念間。一念之間可以改生死、改變命運。

第三回　何謂陰陽

陰陽是分屬兩種不同之能量與信息。

陰之能量屬於沉著、穩定，因此，以黑為其表示色。陽之能量較陰之能量為活躍及多變性，因此，以白色為其代表。

能量是信息的載體，不同的能量所負載之信息也會有所不同。陰之能量場屬沉著、穩定，所載負之信息為細膩、微弱之遠距離的信息。對於遠距離、微弱等細膩之信息波，因陰性之能量沉著、穩定，可以確保信息之儲存。相較於陽性之能量場，因其活躍及多變性，不利於微弱等細膩之信息波的傳送，適於負載較為粗糙及傳送力強之信息波。但是，彼此有相互依存、依附，以及相互推動、制約之關係。

因陰性場過於沉著、穩定，需借助陽性場之活躍性來推動其運動及變化；相對地，陽性場因過於多變，需要陰性場來制約，以免活躍過度。因此，陰與陽之關係，是互為矛盾之關係。

陰與陽雖是分屬兩種不同之能量與信息，但是，皆是來自相同之脈絡，是從無極狀態之能量場所分離、分化出來兩種不同屬性之能量場。若陰與陽之能量處於平衡狀態時，既非陰亦非陽，而是處於渾元狀態，是為無極。無極也可以說是「零」、「空」、「無」。在無極狀態下時，沒有陰陽場之分，若無極內之能量場出現不平衡時，逐漸地會將渾元場之能量，分離、分化為正極（陽性）與負極（陰性）兩種不同屬性之能量場。

正極屬陽，是偶數；負極屬陰，是奇數。當正極（陽性）之能量場從無極分離、分化出去後，會繼續再從正極（陽性）之能量中，不斷的分離、分化出正負極之能量。負極（陰性）之能量場亦是如是。因此陰中帶陽，陽中有陰，也是太極生兩儀，兩儀生四象，四象生八卦，八卦再生出六十四卦象之由來。因能量不斷地分離、分化，並且彼此之間相互進行演化之結果，造就了萬事萬物之發展及演繹。

為何渾元場能不斷的分離、分化出正負極之能量？渾元場能量之運動，是以螺旋形之方式來運動，渾元場是陰陽合體，並且陰陽數量（又稱極數）是均等的，處於均衡狀態。當陰陽極數出現不平衡，陰多或是陽多時，因不平衡影響了陰與陽之運動形態，因而改變了螺旋形之運動方式，此時，會出現短暫性之失序現象，直到呈現出太極之形象性之運動方式，才會達到均衡之運動狀態。因不平衡造成陰陽極數之相互撞擊，引發失序現象，在失序的同時，陰陽之能量場會自行調整，將失序之能量聚集、整合起來，於是形成了壁壘分明之陰性場與陽性場。

但是，陰性場中也並非全然屬陰，此時，陰中帶陽之能量場，會再從陰性場中整合起來；陽中帶陰之能量，也會從陽性場中整合起來，於是，便形成了所謂的「陰陽魚」之太極圖。也正因為陰中帶陽，陽中有陰，才得以推動太極之運動變化，演繹出兩儀。陰中帶陽及陽中有陰之場內，由於正負陰陽極數的不平衡，因此，兩儀中，又因相互撞擊運動，再各演繹出二象，成了四象。四象又因撞擊之故，演繹成八卦。最後演繹成六十四卦象。

渾元場在不斷的撞擊下，逐漸擴大，並且衍生出萬事萬物，換言之，萬事萬物是由渾元場而生。因此，萬物皆負陰而抱陽，當渾元場在撞擊時，場會隨著撞擊而逐漸向外延伸、擴張，於是不斷的將陰與陽分離、分化出來。經分離、分化出來之陰與陽，又會在撞擊力的推動下，與其他的陰或陽形成相互吸引、相互反應。

萬事萬物便是因陰與陽之相互吸引、相互反應下，所形成的。是什麼原因促使彼此之相互吸引及反應？是偶然，是機率問題，甚至可以說是巧合，也是所謂的因緣使然。若場繼續撞擊，將會不斷的向外擴張，當擴張到一定程度時，場內之壓力會逐漸降低，以致無法繼續形成撞擊現象。到時，陰陽場就不能相互吸引及反應了。萬事萬物也會因擴張過度而分崩離析，化為塵土並飄浮於宇宙空間中。

因此，當擴張到一個階段時，便會從擴張變為向內縮，唯有向內緊縮，才能維持場內一定的壓力，因壓力是推動、促進彼此間之撞擊力。當場內緊縮時，便會重新調整場內之次序現象，會重新組合萬事萬物，是**陰之場與陽之場重新排列組合**，**這便是大改革之由來**。

場向內緊縮時，因壓力逐漸由外向內縮，場內壓力便相對地增高；壓力加大時，推動力也會隨之增強，因此促使場與場相互撞擊之機率增加，於是有機會找回分離、分化出去之場。逐一找回並結合後，便又恢復到無極。當許多事物皆恢復到無極狀態時，場又會再度從向內緊縮回到向外延伸、擴張之狀態。相對地，若是不斷的向內緊縮，全恢復到無極之渾元場時，人類便會走向毀滅，走回原點。

何時向外延伸、擴張？何時又會向內緊縮？冥冥之中自有定數，雖說萬物之形成全是偶然，是機率問題，但是，冥冥之中也有操縱者在掌握及控制著。**修練便是在等待因緣湊足之機緣的降臨**。修練者，是否能修練成，或是修練到哪一層級，端視陰與陽之場性在彼此相互撞擊下，相互吸引及反應之結果。

總言之，渾元場之向外延伸、擴張，及向內緊縮之一外一內的相互循環，推動了人類的進化，及歷史之演繹。

謝老師註解

古語中的「物極必反」、「水滿則溢」，其意思就是體現在陰陽平衡和相互轉化關係上，也是《易經》乾卦之最上爻——亢龍有悔之說。

第四回　談陰陽之變化

不管渾元場是向外延伸擴張，或是向內緊縮，都是在陰陽變化之範圍內，只是變化之方式及形式不同而已。了解了陰陽之變化，便能理解及看透宇宙因變化而附帶形成的種種現象。所謂的「禍兮，福之所倚；福兮，禍之所伏」，將陰陽之變化詮釋得甚為貼切，萬事萬物負陰而抱陽，萬事萬物皆有其陰陽面，並有其極數。當陰陽場性之能量維持在均衡狀態下時，便能平安無事，大自然的場亦是如此，當大自然之場維持在均衡之狀態時，便是風調雨順。

人人皆願平安無事，大自然也希望為眾生帶來風調雨順之風和日麗的好氣候，正因為如此，陰陽才會不斷發生變化；**唯有不斷變化，才能維持陰陽場之均衡狀態**。但是，因為無法事先預知陰陽變化之極數為何，尤其是沉浸於幸福中時，對於其中所潛伏的種種災禍，卻渾然不知，當察覺到時，禍已降臨。**若能掌握福兮、禍兮二者之間的相互依伏的變化規則，並遵循之，便能從陰陽變化之不確定性中，找出事物演變之極數**。

如何才能知道事物在演變時之極數為何？陰陽之變化，是相互依附，並有相互推動之作用力。換言之，陰陽之變化，是時時刻刻皆在發生，因此，唯有不斷的變化，才能維持陰陽場性之均衡狀態。當一方之陰性場或陽性場跟不上變化，也就是說變化速度較另一方緩慢時，過於緩慢之一方，將會被變化速度較為快速的場所轉化過來。當被轉化過來之場，達到一定極數時，陰陽之場性便失去了均衡狀態。陰陽場性若無法維持一定的均衡狀態時，便會出現失序現象；當場性失序時，場內之景象必定是混亂的，這便是世人所稱的禍兮。俗話說「禍不單行」，是有涵義所在的。為什麼禍不單行，而是雙數？為什麼福兮多半為單數？這便是陰陽變化之規律所在。

陰為奇數，代表禍；陽為偶數，表示福。禍不單行及福兮為單，是為了達到陰陽極數之均衡狀態，以不平衡來維持均衡狀態。例如，一事發生時，以一為代表數，禍不單行，1＋2＝3。福兮為單，2＋1＝3。

因此，**維持陰陽場性之均衡狀態**，**必須以不平衡之方式來維持其均衡性**，並且要從中找出陰陽變化極數之規律，當禍兮是為偶數，表示陰陽場性之極數已調整過來了，陰陽已達到均衡狀態。如果禍兮發生時，應謹防禍兮之再度降臨。當福兮為奇數時，表示陰陽場性之變化極數已達均衡狀態，此時，應留意福兮中是否已潛伏著禍兮。若是福兮出現為偶數時，表示陰陽場性之變化極數尚未達均衡狀態，便無須擔憂福兮中潛伏著禍兮。

以修練者來說，應能夠掌握陰陽場性變化時之不變處。所謂的**「以不變應萬變」，便是在陰陽場不斷變化當中，應找出或能位居於不變處，才能清楚觀看出變化之局，才有應變方法**。不變處位居於陰陽魚之線上，是陰性場與陽性場之臨界點，既非陰亦非陽。當陰陽場處於均衡狀態時，在相互推動力的作用下，陰陽場之能量會彼此橫越到對方之能量場中，在此情況下，陰陽魚之臨界點是不存在的。只有在陰陽場處於不均衡之狀態下時，因陰陽場無法形成相互推動力，陰陽魚之臨界點才會出現。

位居於陰陽魚之臨界點上，可以主動掌握陰陽極數之變化，右手掌握陽性場，左手掌控陰性場。右手是推動陽性場向左之陰性場轉化之S軸，左手是推動陰性場向右之陽性場轉化之S軸。因此，太極拳之奧妙在於兩腿之立足點始終不變，而手勢可以有千萬形勢之變化，或者兩腿可以隨著兩手之手勢來移動腳步，但是，最後必須回到原點，才能達到陰陽場之均衡。另外，太極拳之手勢變化，可以千變萬化，但是，必須以不平衡為基準點。

在靜坐時，必須能掌握到人體三個太極之運動變化。人體內處處有太極，但是，以左右大腦，膻中穴與心臟，肚臍與命門等三個太極之運動變化為主軸。必須先將這三個太極啟動起來後，才能帶動體內所有太極的運動及變化，並且將這三個太極的陰陽眼串聯在一起，形成太極圖之S軸線。換言之，將人體主要的三個太極結合，或者是串聯在一起時，人體便形成一個立體太極圖。

因此，修練者異於常人，並且能擁有超能力，便是因立體太極圖之故。立體太極圖與平面太極圖的差異是，平面太極圖較為普遍，只能作用於同一時間及空間；而**立體太極圖的作用力，則可以橫越時間與空間**。因此，物換星移後，便無法再回到從前之景象，但是，**修練者若能啟動立體太極圖之運動及變化，則可以穿越時空**。可以說，穿越時空之秘密，在於立體太極圖上。

立體太極圖也是時時刻刻處於運動及變化中，但是，膻中及心臟是立體太極圖之命脈所在，也是立體太極圖不變之處，因此，此處應經常保持通暢。換言之，欲將立體太極圖轉運起來，必須先修練此處，先**去除私心，真心為他人設想，唯有能捨己為人，才能保持膻中及心臟之通暢。膻中及心臟氣機之通暢，有助於「入空」**，因為「空」才能將立體太極圖在旋轉時之卦象給顯現出來，而大腦則是如實的將卦象給呈現出來。

此外，還應注意三個太極之不變處，是影響太極在運動及變化的關鍵點，此點是太極圖之空間點，因此必須保持氣機之通暢。左右大腦之S軸線之中間點的正下方，是為泥丸宮（松果體）。膻中及心臟之S軸線之中間點的正後方，是為狹脊。肚臍與命門之S軸線之中間點的正下方，是為生殖器（海底輪）。修練者應先開發、調動泥丸宮（松果體）、狹脊及生殖器（海底輪）的能量運動，並經常保持氣機的通暢。換言之，陰陽眼與空間點成為三角關係，並且陰眼與陽眼是繞著空間點在旋轉運動，空間點與陰眼及陽眼不在同一空間中，但是可以掌握陰眼與陽眼之運動及變化。

大自然的陰陽變化，表現於節氣的轉換。天災如氣候的異常及地震等不尋常之運動變化，是為了均衡大自然之陰陽變化。

先以整個地球來看其陰陽的變化，地球是一個圓形球。南極與北極將東半球與西半球劃分成陰陽魚，東半球屬陽，西半球屬陰，而地球之不變處是在陰陽眼中間線之正下方，介於南極與北極之中間點，正好是地球之中心點。

地球正中心點，是為地球之空間點，不受陰陽變化之影響，並且在地球所有的能量運動，皆以此為中心點，是環繞著此中心來運轉。但是，此中心點是因能量在運轉時，彼此相互吸引、制約的情況下，所形成的第三度空間。既非陰亦非陽，此中心沒有能量之運動及變化，卻是所有能量運動變化之動力來源。另外，此空間點是在能量運轉時，彼此之能量形成相互吸引、制約的矛盾情況下，所形成的第三度空間，因此是彼此間的抗衡點，此抗衡點在各方能量的作用下，形成了很大的張力。雖然此空間點沒有能量之運動及變化，但是，其張力卻帶來強大的壓力。

當地球上所有的能量都在產生運動及變化時，因運動及變化之故，必然會影響、帶動其他的運動及變化。只要是處於運動狀態下，自然會產生撞擊力，而撞擊力會衝撞、衝擊到第三度空間之抗衡點；又因抗衡點處在強大張力的作用下，當能量衝撞過來後，因反作力之故，會將衝撞過來的能量，反彈並回饋回去，同時，其速度及撞擊力是加倍的。在加速及加倍能量的撞擊下，又推動了能量的運動變化，成了因果循環關係。相對地，這也刺激、推動了其他能量的運動及變化。因此，第三度空間，是因為能量在運動時之相互吸引的關係形成的，此處之所以會形成相互制約的抗衡點，是因為能量在不斷的運動及相互吸引之雙重作用下，產生了張力，因張力有強大壓力的作用，也就有了推動力，有助於能量的運動及變化。

當第三度空間，也就是地心能保持抗衡點內之壓力的均衡時，地球之能量運動便能維持規律的運動及變化。地球之能量運動，是多頭並行運動。但是，還是以太極之陰眼、陽眼以及地心之三角關係為主軸，進而帶動其他能量的運動變化。地心推動著太極之陰眼與陽眼之運動及變化，當太極轉起來時，是環繞著南極與北極所形成S軸線來進行運動。

東半球是陽中帶陰，西半球是陰中帶陽。因地球自轉時，太陽是從東方升起，西方落下，因此，以東半球為陽，西半球為陰。東半球之陰眼，大約在印度、泰國及中國這一區域；西半球之陽眼在大西洋上。

因此，形成非洲氣候炎熱，因非洲位居於陽性能量場極數最高處。而北美洲因位居陰性能量極數最高處，因而異常寒冷。

古文明國都集中於印度、泰國及中國之原因，是因為位居要津，因陰陽眼之周圍的能量運動變化之故，進而帶動文明。而亞馬遜之所以是地球上最大的熱帶雨林，也是因為位居於陰陽眼之周圍，加上大西洋所蘊含之水氣，當陰陽場性轉起來時，給予亞馬遜帶來充沛的雨量，因此，成為地球上最大的熱帶雨林。

消失的古文明帝國，便是因為地心之抗衡點失去均衡，引發一連串的失序。為了維持其抗衡點之均衡，抗衡點做了調整，在調整過程中，難免引發山崩地裂之情形，造成了古文明帝國之滅亡。或者是因陰陽場性之能量運動的改變，造成居住環境不佳、氣候異常變化等，人類適應不過來，因而走上滅亡。

南極與北極銜接後，便成為陰陽魚之S軸線。第三度空間之抗衡點，便是藉由陰陽魚之S軸線，保持能量的均衡，因此，南極光及北極光之形成，是因抗衡點為了保持一定的壓力及能量的均衡，所輻射出來的極光。

四季氣候的變化，也是因陰陽場性之運動變化而形成的。東半球與西半球氣候的變化，主要是受到自身陰中帶陽、陽中有陰之場性的相互作用力。但是，東半球與西半球之陰陽魚，有彼此相互推動自身場內陰陽變化之作用力。以東半球為例，東半球冬天是受到西伯利亞寒流的影響，而西伯利亞寒流是從緯度高的地方流向緯度低的地方，因此，東半球緯度較高的地區，因感受到強大西伯利亞寒流的侵襲，氣候較為寒冷。隨著緯度的降低，加上西伯利亞寒流的陰性場的作用力，溫度會隨著緯度而逐漸遞減。秋冬季節時，陰陽魚之推動力，是將西半球之陰性場能量推向東半球，當推動而來的陰性能量場，尚未轉化為東半球之陽性場時，位居於東半球緯度較高的地區，就會感受到強大寒冷的氣流。隨著陰性場之冷氣流向緯度較低之南方移動的同時，也會逐漸轉化為陽性場之能量，過了赤道以南，便感受不到西半球之陰性能量場，因此，氣候是炎熱乾燥的，地球的沙漠地帶也都是集中於此。

雖然赤道以南已感受不到西半球之陰性能量場，但是卻推動了東半球之陽性場轉化到西半球，帶動了西半球之陰陽場性的變化，推動了季節、氣候的變化。最重要的是，將大西洋之能量場向北移送，亞馬遜盆地便是因大西洋所移送過來的水氣，加上位居於赤道以南之熱帶地區之雙重條件下，造就了地球上最大的熱帶雨林。

相同地，從東半球所推動、轉化而來的陽性能量場，是從赤道以南逐漸向赤道以北的方向來推動，過了赤道後，便感受不到陽性場之能量，因此，越向北，緯度越高的地區，氣氛越是寒冷。因陽性能量場過了赤道後，便完成轉化為陰性能量場，同時，也增加了陰陽魚向東半球之推動力。

颱風之形成，便是因為陰性之能量推向陽性能量場時形成的。當西半球之陰性場向東半球移轉時，在能量的快速旋轉下，挾帶著許多太平洋的水氣。颱風，便是因為陰陽場性之相互作用，加上水氣等三重條件下，所形成的。因此，颱風多發生於陰性場推向陽性場之陰陽魚的地方，也就是在東南亞及東北亞等地區。

每逢春分以後，便逐漸進入颱風的季節，並且颱風的威力以及形成颱風的頻率，與陰性能量場之推動力相關。夏至時，陰性能量場之推動力最強，因此，在夏至前後是颱風季節。夏至過後，颱風便逐漸減少，但是威力卻是逐漸增強，秋後颱之形成，是因為秋分後，陰陽場性之推動方向正逐漸在做調整，在調整時，因陰陽場性方向的轉變，會出現短暫的不平衡現象，秋後颱之威力增強，便是因失衡所形成的。

因陰性場不斷的向陽性場進行推動，因而將陽性場推向緯度高的地區，形成北極日不落現象，並且是北極在一年當中，溫度最高的季節。相對的，因陰性場不斷的向陽性場進行推動之故，在南極地區，形成終日不見陽光之景象，也是南極在一年當中，氣候最為寒冷的季節。當陰陽能量場之推動方向轉換過來時，東半球進入冬季時，則是陽性能量場推動陰性能量場，南極與北極之氣候變化又形成相反的現象。以陰陽太極之圖像來看，地球上陰性場極數最多的地方，是在南極地區，此地區應是最為寒冷，其次才是北極。

陰陽不可能始終處於均衡狀態下，正因為時而均衡，時而陽多，時而陰多，才有季節氣候的變化。正常情形下，春至及秋至時，是處於均衡狀態。而冬至及夏至則是陰陽場產生轉變的季節。

以東半球為例，春分到夏至時，是陰性之能量向陽性場進行轉化，也就是陽性場之能量多於陰性場之能量。到夏至時，陽性能量場之極數便達到最高；夏至以後，陽性能量則逐漸的向陰性場來轉化；到秋分時，陰陽之能量極數則達成均衡狀態；秋分以後，陰性能量逐漸增多；到冬至時，陰性能量之極數達到最高。

西半球之陰陽變化，與東半球之陰陽變化正好相反。換言之，春分及秋分，是陰陽處於均衡狀態；冬至及夏至，是陰陽處於極度不平衡的狀態。但是，從均衡走到極度不均衡，再從極度不均衡恢復到均衡，是循序漸進的，並且有相互循環之關係。這便是地球四季變化之原由及形成的關係。

東西半球雖然是陰陽相對，但還是負陰抱陽，因此，東半球及西半球是陰中有陽，陽中帶陰。陰陽之所以產生不平衡的失序現象，是陰陽相對起了變化，並且是陰性場或是陽性場其中一邊起了不正常的現象，進而連帶影響到另一方。

除了週期性的例行變化外，也會受到陰陽場性的不正常運動及變化所引起的。

天災又分為大自然的運動變化，及人類思維所引發的禍患。天災的形成，也會受到地球以外之場性的影響，例如，土星、金星、火星等九大行星，總而言之，銀河系之所有行星及衛星之場性，或多或少都會對地球造成影響，尤其以太陽及月球，影響地球之運動變化最為密切。

不管是何種因素引發了陰陽場性之運動變化，都有規律可循。以東半球為例，當東半球之場性出現不規則的運動時，必然會引起東半球本身之陰陽場性的失衡，並且必須兩次運動變化後，才得以將陰陽場給調整過來。如果是短暫的失衡，以及在很快速的時間內，產生兩次運動變化，對於西半球則無大礙。但是，若東半球出現運動變化後，遲遲未再出現調整性的運動變化，將會在西半球產生相應的運動變化，做為因應、調整整個地球之陰陽場的均衡性，並且大部分皆在相對應點之周圍。

因此，地震時，尤其是規模較大之地震，往往都會引發全球之地震效應。若是接連出現三次大規模的地層活動，另一半球恐將出現規模更大的地震，其位置大概是在三次大規模地震之中心點的相應部位。

陰陽場性之運動變化，也會影響人類的思維想法，尤其是在陰陽眼周圍產生運動變化時，將會影響、改變人類的思維。如果只是單一的陰眼或陽眼產生變化，對於人類的思維將形成負面的影響，例如，宗教團體集體自殺、因捍衛宗教而展開殺戮戰等瘋狂行為，便是受到陰陽場性之陰眼或陽眼之運動變化之故。唯有陰眼及陽眼同時產生運動及變化，才有利於人類之進化及文明的創造。從古至今，在新文明誕生前，陰眼及陽眼都會產生運動變化，並且都會同時出現失衡的現象，經短暫的失序後，將是新文明的開始，此時，將會出現一大批才子，並且是奇才。還有一種變化，是陰陽魚之S軸線上之運動變化，此時，將會引發整個地球地層的劇烈運動，因陰陽魚之S軸線產生一百八十度的調整，形成南北極之運動變化。屆時，不僅影響東西半球之陰陽場性之大規模的調整，同時也將引發南北極磁場的對調。在尚未調整好之前，將出現陰陽場性及磁場極為不平衡的現象，此時，不僅是混亂，更是失序，但是卻會造就許多特異人士降臨。特異人士之所以出現異於常人的特異現象，便是受到極為不平衡之能量場給激發出來的。地球上出現極為不平衡的現象，只有在陰陽魚之S軸線上形成運動變化時，此現象是萬年才出現一次，並且是地球之週期運動變化。

謝老師註解

上古之人，都是效法陰陽之道，配合方法「術數」來養生、修練的。所謂法於陰陽、和於術數，就是要順應天時地利人和的陰陽。我們非常熟悉的兩個成語「禍不單行」、「好事成雙」，是術數的原理。

第五回 談陰陽與五行之關係

陰陽與五行之關係為何？首先應先認識及了解何謂五行。五行是構成宇宙之五種不同屬性之能量，宇宙是五行之能量的聚合體，是五行之相互演變及刺激推動了萬物的成長。五行之關係也是以互為矛盾的立場存在於空間中，不僅有相互刺激、推動之相生關係，並且還有相互制約及相剋的關係存在。但是，在相生時，必須還有相剋時所形成的刺激或推動力來促進之，因此，五行間，彼此存在著互為矛盾的立場。

亦即萬物之形成及變化，便是因五行互為矛盾關係，形成相互撞擊之現象。

既然宇宙是五行能量之聚合體，陰陽與五行之關係又為何？宇宙之空間內，處處充滿著陰陽，處處有太極之圖像。宇宙形成前是渾沌未開之景象，逐漸形成渾元場，再從渾元場形成各式各樣不同類型的場。從各式各樣不同類型的場中，分別生出五種不同特性、屬性之能量，稱為五行。五行之所以有相互刺激之推動力，便是因為五行之能量場中，皆有陰陽。萬物負陰而抱陽，五行也不例外。陰陽也是以互為矛盾之立場來彼此相互依附。有矛盾關係，便有撞擊力，五行之能量場中，因受到場內陰與陽之相互撞擊力後，再去碰撞其他的能量場，形成五行之相生、相剋之循環性。

因此，陰陽與五行之關係，如同太陽與地球等九大行星之關係一樣，每個星球除了自轉外，還繞著太陽在轉。五行中，各有屬於自己的陰與陽，因太極之運動變化，刺激推動了自身場性之運動及變化；場與場間，又存在許多陰陽，當陰與陽之場組合成太極時，又引發了一連串之相生相剋之連鎖效應。

萬物之生長，便是在連鎖效應下誕生的。

陰陽與五行之關係，是能量運動變化之關係。宇宙空間中，因能量產生了變化，進而帶動了能量之運動及變化。所謂的變化，是能量極數的不平衡，形成了兩種對應之正負極能量。當兩種相對應之能量極數出現了不平衡的現象時，便形成了運動變化，是極數較高者去刺激、推動那相對應之能量。五行之能量場，便是因陰陽之相互刺激及推動時，撞擊出的能量場。

因此，萬物負陰而抱陽，是因為陰陽是五行之父母，父是陽，陰是母，五行便是父、母或說是陰、陽之相互作用下形成的。五行既非陰亦非陽，而是陰與陽相互結合及作用時，形成的另一種能量場，但是，能量場中隱藏著生其之父母的信息。因此，「萬物負陰而抱陽」的意思是，萬物中，皆隱藏著生其之父母的信息，而信息又是能量場之運動變化的關鍵。

因此，五行之相生、相剋之循環性，皆是隱藏於五行之能量場的信息為主導。換言之，信息決定了能量場之場性的運動變化，而能量場之運動及變化，改變了該物質的屬性及特性。萬物之演變，便是因信息與能量場之運動變化所致。

信息是五行之能量場運動及變化的關鍵，因信息主導了五行能量場之運動方向及撞擊力。

五行在運動變化時，不僅受制於自身場內之信息，場外也隱藏著許多因陰陽變化之信息，因此，五行之運動變化，是受到自身場內及場外的雙重信息的影響力。

場與場之間，是空，場內也並非是實體。五行場性內及外的運動變化，皆在空間中進行。五行之運動及變化，受到陰陽之影響，而能量場之運動變化，則需要在空間中進行，因此，陰陽、五行與空間，成了三角關係。此三角關係，又形成了太極現象。陰陽刺激、推動了五行能量場之生剋的循環變化，空間僅提供運動變化的環境，不參與運動及變化，但是卻能影響五行能量場之運動變化。因空間之壓力，會形成阻礙或加速能量場之運動變化。

第六回 解空間與陰陽之秘

談陰陽與五行之關係時，必須考慮到空間之壓力問題，以及陰陽、五行與空間之三角關係，尤其是空間對於陰陽與五行的影響力。

換言之，在解陰陽之秘及解陰陽與五行之關係時，必須揭開空間之秘。

陰陽太極的變化，是透過空間而變化；陰陽與五行之關係，也是透過空間來進行。不管是生成新的能量，或是陰陽之極數的轉變，皆與空間有著即為密切的關係。空間內存有什麼樣的能量，空間內果真是空無一物嗎？空間內並非全然的空無一物。

宇宙中，存在著許多能量場，並且彼此不斷的相互影響、相互形成作用力。宇宙中沒有恆常不變之事物，指的便是外來能量場的作用下所形成的運動變化。而且無法預估及事先掌握，因為在宇宙內，充滿著許許多多之能量場，大至日月星辰，小至芥子之微，皆是宇宙內之能量場。能量場在不斷的產生運動變化的同時，也不斷的在消耗自身的能量場，直到將自身的能量耗盡化為塵埃為止。如果外來之能量場不斷的在刺激、推動著，會加速其運動及變化，換言之，會耗損其能量場，在內外雙重的運動變化下，會提早將自身的能量場轉變為塵埃。

萬物之演變，是受到能量場之相互運動變化形成的；萬物之所以無法恆常不變，也是因運動變化時，將自身的能量場消耗殆盡之故。因此，能掌握到萬物之運動變化，便可以隨意調整萬物之因果循環性。如何辦到？解開空間之秘自可達成。

空間內不存在任何能量場，而沒有能量場的相互作用力，便形成不了運動及變化，因此空間內不存在著時間的問題。空間是如何形成的？是陰與陽，正極與負極之極數均等的情況下，相互抵銷其能量場，形成了無能量場之空間，是為零。也可以說，空間是陰與陽之相抗衡點，此抗衡點會相互牽動陰與陽之運動變化。當此空間之抗衡點失去均衡時，會影響到陰陽之運動變化，同時，此空間也會消失，直到陰陽之能量場重新調整過來，正極與負極之極數均等時，才會再次形成空間。

宇宙內，不僅處處有陰陽及太極，同時也有許多空間。陰陽太極在運動變化時，自然會形成空間，並且陰陽太極之運動變化，必須由空間之抗衡點來牽動。空間並非永遠處於恆常不變的，也會因陰陽之運動變化而消失。空間也有壽命，人體內之空間的壽命最短，其次是存在於大自然的空間，宇宙中的空間壽命最長，並且宇宙中的空間已不受限於星球的影響，神佛便是居住於此。次一級的神仙，則是居住於大自然的空間內。

人體內之空間，藏著魂魄的信息，因此，人體空間內之環境，除了影響五臟六腑之能量場的運動變化外，還攸關魂魄之修練條件。當人體之陰陽極數達到均等時，人體之能量場便是處於零的狀態，人體之魂魄，或是潛意識，便可居住於此。在零的狀態之種種信息活動，是真實的，是真幻。

居住於大自然空間之潛意識，在大自然之能量場產生變化時，便必須另擇棲息處，如果無法覓得好空間，往往會竊取人體的空間來居住，附身便是由此而來。

居住於宇宙中之空間者，層級較高，起碼是菩薩以上的階層，但是，宇宙中之空間，還有許多等級之分。所有潛意識皆願棲身於好的空間內；所謂**好的空間，是指不易受能量場之運動變化而變化之空間**。有些空間能存在於宇宙中，其中萬年不變者，甚至達萬年以上，但是不易尋覓到，若要找存在於宇宙的空間，需要功力，就算覓得，也要有相當的功力才進得去。

因空間是受到陰陽能量場之運動變化時所形成的抗衡點，換言之，欲進入空間內，必須能穿越抗衡點，必須能衡過此壓力。空間內之所以不受能量場之作用力，便是因空間外圍包裹著能量團，也是所謂的抗衡點。**抗衡點之壓力越強越大，表示陰陽能量場之場性越強**。日月星辰之能量場的場性優於大自然，因此，其空間存在於宇宙之時間更久，抗衡點之能量團更加強大。

大部分的陰陽變化，甚至是五行之運動變化，都只是在空間內稍微停留，完成撞擊之目的後，便又重新恢復到陰與陽之不對等的能量場，正因為經常維持不對等之能量場的關係，進而繼續引發一連串的五行之相生、相剋的連鎖效應。換言之，空間也是生生滅滅的，也是在因緣聚會下，陰與陽之能量極數均等時形成的；當陰陽場性之極數失去均衡時，空間便隨之消失。五行之生剋反應，便是在陰陽場性出現短暫之極數均等之狀態下，所呈現出來的空間中，進行相互作用。所謂的「空中生萬物」，便是指五行之生剋現象，必須在空間中來進行。當五行之生剋在空間中進行相互之作用時，會形成場象之變化。

五行之相生，必須由五行之相剋來促進完成；而五行之相剋，也須仰賴五行之相生來促進完成。因相剋、相生時，皆能形成撞擊力。以水（腎）生木（肝）為例，水生木時，必須有剋水之土（脾胃）及剋木之金（肺）來協助完成。土剋水時，必然對水形成撞擊力，當水受到撞擊力時，也會出現反作用、回饋力，而此反作用、回饋力是向上，因此會刺激、撞擊到肝及脾胃。當脾胃受到腎之回饋力後，加上肝臟之相剋的撞擊力，在下面及右側的雙重壓力下，只好往上撞擊，當脾胃往上撞擊時，又遇上生脾胃之火（心）的撞擊力，於是將所有的撞擊力全作用於金（兩肺），形成了土生金。金受到土之相生時形成的撞擊力後，同樣也出現了反作用、回饋力，加上來自火剋金的撞擊力，金在所生及所剋的雙重刺激、撞擊下，只能將反回饋力作用於壓力低的部位，因此作用於肝及腎，形成了金剋木，金生水。木受到金之相剋及水之相生的雙重刺激、撞擊下，只能將反回饋力作用於壓力低的部位，因此作用於脾胃及心，形成木剋土，木生火。土受到木之相剋及火之相生的雙重刺激、撞擊下，只能將反回饋力作用於壓力低的部位，因此作用於腎及金，形成土剋水，土生金。

從五行之生剋循環系統中，形成了矛盾之三角關係，剋我者，卻是生我者之母；我生之子，卻被生我者所剋；生我及剋我者彼此間又是相生關係。換言之，三角關係中，存在著生、剋彼此相互的矛盾關係，並且從三角關係中出現了陰陽之變化。正極代表陽，負極代表陰，以水生木來說，大海中始終生不出木來，但是將水灌溉於土上，卻長出木來，從五行之生剋來看，土是剋水，水生是木，木是剋土，因此，相剋造就了萬物五行之相生，而相剋又是因相生來成就的。生與剋之關係，便是不斷的相互刺激及相互推動彼此的演變。

另外，從相互矛盾之三角關係中，也符合陰陽太極之變化。土＋水＝木。木是因土及水的雙重作用下形成的，土及水正好是我剋與生我。因此，在木的立場時，土是陰，水是陽，當陰陽相互作用且正負極數均等時，必須形成空間，土及水便可在此空間中相互作用，而木即是土及水之場相互作用時，形成的場象變化。人體內五行之變化亦是如此，五行的相生必須在剋制的刺激推動下，才能形成；並且也是相互矛盾之三角關係，土剋水，將水之能量推向木，於是水與木產生相互撞擊，此撞擊力又作用於土，形成木剋土，相同的，當木剋土時，也會將土之撞擊力推向水。

因此，土、水、木之三角關係，形成相互循環之螺旋式能量場之運動，是一個渾元場。但是，土、水、木所形成之渾元場，必須其他能量場之相互配合，如水生木，水之能量場與木之能量相互撞擊時，其撞擊力會推向土及火，是因受到金剋制之故。而金、土、木又形成一個相互矛盾之三角關係，亦即一個相互循環之螺旋式能量場之運動。

因此，**五行之生生剋剋的相互循環變化，形成了渾元場之運動及變化**。

不僅人體內充滿著許多渾元場，大自然也是由許多渾元場共同組成的；人體內之生生化化、化化生生，大自然之道的規律變化，便是因渾元場之相互依附及相互刺激、推動下而演進。

不管是相生或相剋，凡事形成撞擊力時，皆是符合陰陽太極之變化。當陰陽之太極轉動起來時，便會出現空間。但是，陰陽太極之所以能轉動起來，必須有外在環境條件的相互配合，可以稱為媒介或是因緣；在因緣、媒介的促進下，才能將果顯現。往往因緣、媒介都是形成相互剋制之矛盾關係，空間便是存在於、包裹於此矛盾中。但是，正是因為矛盾之關係，外來之能量場無法入侵，反而提供了良好環境，給予五行之能量場相生的機會。

當空間內兩種不同屬性、特性之能量場相互結合後，因空間外圍的能量場，即包裹於空間周圍相互剋制之能量場，在不斷剋制之撞擊下，便將空間內形成的能量場給衝出空間外；因新的能量場產生之故，破壞了陰陽場性之均衡，於是空間隨之消失。如果包裹於空間外圍之能量場，無法爆發出衝擊力，在空間內相生形成之能量場，便會停留於空間內，直到因緣聚合，將之撞擊出來。

也有可能隨著外圍環境的轉變，重新被組合或異化成其他能量場，這便是所謂的

「**萬物生於空，萬物滅於空**」之意。宇宙萬物之生生滅滅、滅滅生生，生是因滅，滅是因生。有時，會突如其來的形成巨大撞擊力，將空間內尚未相生、結合好之能量場給攪亂了；因突如其來的巨大撞擊力，將陰陽場之均衡性給破壞了，當失去均衡時，空間也隨之消失。也有可能突如其來的巨大撞擊力，直接衝撞進入空間內，介入了空間內正在進行相生之能量場中，並且也參與及相互的結合。這便是所謂的「突變」，其所形成之能量場，往往屬於特異現象。

因此，形成相生、相剋之環境條件是因緣聚會；因緣不俱全時，五行之能量場無法形成相生、相剋之循環性。宇宙內萬物之演變，便是在此詭譎多變的情況下，演化而來的。

但是，研究陰陽太極與空間論時，不可忽略空間內之世界，雖然萬物是從空間內進行演化，但是，並非所有的空間內均是空無一物。

從古至今，有許多能量場在因緣不俱足的情況下，尚停留於異度空間內，不僅人類肉眼觀測不出，就連高科技之儀器也檢測不出。諸如此類之空間充斥於宇宙內，並且與人類所居住的空間是相互重疊的，但是，這樣的空間環境不適於人類居住，因其能量場相當特異，容易產生特異現象，加上超強之能量場，是人體所無法適應的。空間內應該是無重力，加上空間周圍包裹著巨大的能量場，外來之能量場不易入內，但是，在空間內之能量場無法被撞擊出來之情況下，反而會隨著能量場之增加後，將空間外之能量場由外往內吸入，當此空間內具備五行之能量場後，此空間內會形成另一個空間，於是空間內還有一個空間。因此，便會不斷的將空間外之能量場吸入，這便是宇宙之黑洞的形成。

五行能量場之相生、相剋的同時，也伴隨著許多突如其來的變數，如不按常規出現之衝撞力，或是環境條件無預警的發生轉變等不確定的因素存在。但是，正是因為諸如此類的不確定之因素，造就了萬物的演變及人類不斷的進化，尤其在人類歷史文明大躍進時，不確定之頻率更多。換言之，不確定之變數，是為了調節大自然及人類之能量場。

萬物憑空消失、憑空而生，並非不可能，只是缺乏撞擊力才未發生。當時空轉換時，受到巨大撞擊力後，便會憑空而生。相同的，萬物之所以會憑空消失，也是受到突如其來之巨大能量場的衝撞後，被撞擊到空間內，或是被空間內之能量場給吸取入內。被吸入，往往出現在宇宙之黑洞，黑洞中受到撞擊之情形較為不易，不僅需要高速、巨大的衝撞力，並且還需來自兩種不同方向之撞擊力。因黑洞空間是彼此重疊的，唯有在高速、巨大的衝撞力的同時，在對角稍偏三度的地方也發生衝撞力，並且其衝撞力必須大於對角，才能進入黑洞第三度空間內。

萬物憑空而生，是因與重疊之空間突如其來的產生撞擊力，剎那間爆發出陰性之能量場或陽性之能量場，並且在陰陽之能量極數懸殊很大的情況下，將包裹、存在於空間外圍之相互矛盾的能量場給破除。當空間外圍之能量場破除後，加上周圍能量場的撞擊力，便將停滯於空間內因五行相生而來的能量場給衝撞出來。

謝老師註解

第五、六、七回的內容，使我想起郭老師在動意功推廣時期曾說：「空間加時間改變了人類。」場象的變化也是這樣，空間加時間的變化最大。所以在改變場象問題上，增強陰陽、五行的運動速度是很關鍵的，運動速度越快，效果越佳，思維的速度越快，衝擊力也越大。

郭老師所創建的空間醫學，正是將此觀念應用於醫療治病上（詳見《消除百病，暢通人體空間能量就對了》）。

第七回 陰陽、五行與潛意識之關係

潛意識是陰陽與五行之因緣聚合下形成的，潛意識位居於宇宙之空間內，魂魄則寄居於人體內之空間中。雖然同是位居於空間內，但是，宇宙之空間與人體之空間的陰陽、五行，有著極為不同的差異。

先談寄居、存在於宇宙空間內之潛意識。宇宙中存在著許多不同層級的潛意識，隨著層級的不同，所寄居的空間也不同，如動、植物內之空間中，也有潛意識寄居於內；層級較高之潛意識，則無須依附於有形體之空間中，是依存於無形體之空間中。寄居於人體內之魂魄最為特殊，雖然尚未形成潛意識，但是其可塑性極高，並且與動、植物及宇宙空間內之潛意識息息相通。

依存於無形體空間中之潛意識，也有層級之分，是以依附於無形體空間中之時間長久來分。宇宙中處處都存在著空間，但是，有些空間是隨生即滅，能長久存在於宇宙中之空間，表示形成其空間之陰陽場性的能量極為穩定，並且不易受到外來之撞擊力，因此存在之年限較為長久。相對的，此空間也不易發現及進入其中，需要有相當的功力及破解入內之方法，若以衝撞之強硬手段入內，可能會因此破壞了空間存在之環境及條件，也有可能因撞擊時之反回饋能量而傷到潛意識自身。如何尋覓良好之空間及順利入內？良好空間之尋覓需要機緣，但是，有些潛意識會聚集於同一空間，形成一個場，有些則是以自身形成一個場。

我們今天要探討的，是眾多潛意識所形成的場，此類之場存在於宇宙的年限，是長長久久的，因眾多潛意識所組成的場，自有調節及面對外在環境之變遷所帶來的衝擊力，並且與人類之魂魄及陰陽、五行之關係較為息息相關。

潛意識為何與人體之魂魄有著密切的關聯？為了取得存在的條件；或說是空間改變時，在尚未尋覓到適當的空間時之暫時棲息處；並且棲息於人體之空間內，可以掌握取得好空間之優勢。而人體也是樂於被潛意識做為棲息處，人類之所以修練，也是為了尋找有緣之潛意識，並與之結合，因人體內之五行不俱足。人體內之魂魄是陰陽，所謂的三魂七魄是指陰陽極數。三魂是肝之陰性場之極數，七魄是指肺之陽性場之極數，人體便是在三魂及七魄之陰陽場性之帶動下，推動了五行之生、剋變化。但是，人體內之五行是不俱全的，因此形成人體之生老病死，若是五行俱備，人類便可長存下來。

人體本身因帶有缺失，因而需要以修練的方法彌補五行之不俱全。但是，並非人人皆欠缺相同的，甚至有人的三魂七魄也不俱全；三魂七魄不俱者，較為麻煩，因陰陽是推動五行能量場之運動變化的動力來源。五行不俱全者，可以透過許多不同的方法來彌補其缺失，如尋找該能量場過盛者來相互均衡，或是從萬物中取得相同的屬性來替補。例如欠金者，可以從名字上來做文章，或是多接觸、吸取與金相關之事務等。若是在未經計畫及安排的情況下，遇上金過於旺盛之人，則能事業亨通，與之結為夫婦者，可以彼此互惠。如果是潛意識來彌補其缺乏的話，則能了脫生死，甚至於擺脫輪迴之苦，因潛意識是在五行之相生、相剋下形成的渾元場後，最後變成九九歸一之單一能量場。

因此，潛意識是修練成純然之五行屬性（指五行俱全且極數相等）之其一，其屬性也是決定潛意識未來的棲息處。人體若能與欠缺之五行的潛意識相結合，在五行俱全的情況下，便能修成正果。當人體修成正果時，意謂人體之能量場已是渾元體之單一場性，此時，在形體內之潛意識，不須負載於形體內之空間中，可以隨意悠遊於宇宙之空間中，並且是依附於無形之空間中。

何謂潛意識之年限？潛意識之年限有兩種不同的意義，一是潛意識自身之能量場的消散，二是所依附之空間的消失。

當自身之能量場逐漸在消散時，便要尋找補充源，於是形成了輪迴轉世之因果關係。若是潛意識所居住的空間，因外環境的變遷而遭到毀滅時，由於失去了修練之根基，因此，只好投胎轉世，重新開始修練。但是，因根性良好，容易修練成功。

還有另一種層級之潛意識，是介於潛意識與人類之間，其修行的火候及功力不及潛意識，但是靈性高於人類，此種層級之潛意識，多半是依附於大自然萬物之空間中，如世人所謂的山神、水神、樹精、花精、狐狸精等有靈性之潛意識。當有足夠的功力後，便會尋找人體的空間來居住，因唯有依附於人體之空間內，才有提升層級的機會。寄生在人體內，並跟隨著輪迴轉世及投胎轉世外，再加上人類自身之因果循環，形成了錯綜複雜之混亂的陽間世界。

儘管再錯綜複雜，還是可以將其來龍去脈給抽絲剝繭開來。其實此錯綜複雜之關係，便是陰陽變化與五行之能量場的生剋循環關係的演變過程。先從層級低的開始講起，宇宙創立之初，萬物之靈皆來自同一屬性，但是在進化的過程中，受到不同環境的刺激及推動力，萬物之靈也開始走上不同的命運。所謂的外在環境的刺激及推動力，便是指陰陽變化，與五行之能量場的生剋循環關係，於是形成了潛意識、精靈、魂魄、鬼魂、靈性物等五大類不同層級之靈界世界，而魂魄正好介於中間，並且是依附於人體內。

雖然是分屬五種不同的層級，但是卻有互為因果循環之關係，並且都是透過人體來實踐，精靈除外。靈性物大多是依附於萬物內之空間中，經日月之洗禮及吸收了大自然的精華後，蘊育出了靈性。

萬物具有靈性後，便開始尋找向上提升其靈的方法，因不具有人形，無法向上提升，於是其目標為人體的魂魄。人體內之魂魄常常不俱全之原因，便是被萬物之靈性給攝取了。當人體的魂魄悠遊於空間時，萬物之靈性便會將其攝取過來，有少部分的靈性具有勾魂術，人體會不由自主的接近他，並迷戀他，當人體的思維意識投入其物時，依附於萬物內之靈性，便會逐漸的將人體的能量給攝取過來，「玩物喪志」除了是成語外，其中也深藏著世人不解之秘。

人體之魂魄不俱全後，那股推動五行能量場之生剋循環力，便會降低，不僅不利於自身體內之靈體，對於形體人的健康狀態及運勢也不佳。但是，依附於萬物內之靈性，有了人體之能量場後，其思維意識可以依附於人體之能量場中，換言之，是竊取了人體的影子，做為依附其靈的空間，因而可以任意的悠遊於宇宙之空間，尋找提升其靈的資源。

鬼魂是人體靈體之因果循環形成的，鬼魂特殊的原因是，尚具有陰陽之能量場，只是陰多於陽，並且鬼魂之能量場中，還具有五行之能量場，但是不俱全，加上是陰多於陽之懸殊的差異，因此，陰陽之太極圖轉不起來，更推動不了五行之生剋循環變化。於是形成了鬼魂不人不神之現象，其能力在人之上，但是又辦不了事情。唯有再繼續輪迴，投胎為人，才能將陽之能量場給補足，陰陽之太極才轉動起來，然後再想辦法將所欠缺之五行補足，當補足時，才能提升其靈體，轉變為潛意識之層級。如何補足？與潛意識及精靈息息相關。

人體內之五行為何不俱全？是天意，若都俱全了，宇宙便是空無一物，既沒有人類文明之進化，更沒有靈界之輪迴。如何才能將欠缺的五行找齊？依修練的層級及修練的年限而定，並且欠缺之五行，是二至三種，不可能一生一世便可尋覓到，必須經歷好幾世之輪迴。

而精靈與潛意識也受到了年限之限制，必須尋找延續年限之機緣，基於此，輪迴轉世、轉世投胎及附身之錯綜複雜現象由此而生。精靈大部分是以附身的方式，來延續其存在於宇宙之年限，也會攝取人體魂魄之能量場，但不同於依附於萬物之靈性的是，他會直接進入人體內來攝取，對於人體來說是相當不利的。其進入人體的方式，也是以肚臍部位為主，被附身者也會出現與孕婦相同的嘔吐症狀。

對於潛意識及人體皆能獲利的是，轉世投胎及合靈等兩種方式。

轉世投胎是因能量場及依附的空間皆逐漸在消散，最後只能從潛意識之能量場，消耗、轉化為靈魂之能量場，進入受精卵內。

是先有受精卵後，靈魂才入內。如何進入？從肚臍部位，孕婦之所以有嘔吐現象，便是因靈魂欲入內之故，因能量場往上逆轉，形成腹腔之壓力降低，靈魂才得以從肚臍進入。然後，靈魂再以間接的方式來影響該精卵之成長發育，及該生命體之心性。因此，形成每個人之心性皆不相同。當魂魄及五行之能量場俱全時，並可重新回到宇宙之空間內，不需要再依附於人體之形體內。

而合靈之情形較為特殊，因進入人體時，尚是潛意識，並且其依附之空間還存在於宇宙之空間內，因此，其進入人體的方式是從人體的頭部進入，其選擇的對象是修練者，並且只欠缺一個能量場，該潛意識正好補上，是為合靈現象。這會帶動此修練者五行之相互循環性，形成全然單一之渾元場後，同時帶領與之合靈者，脫離形體之束縛，回到宇宙之空間內進行修練。

但是，合靈之前，是極為痛苦的，因潛意識之能量場之場性極強，若突然的進入人體內，人體可能無法承受此衝擊力。因此，是採漸進的方式，將彼此的能量逐漸相互重疊；所謂的重疊是潛意識之能量場，如影隨形地與之重疊在一起。在重疊的過程中，是相當痛苦的，唯有通過考驗及艱鉅之磨練後，潛意識才會降臨，若過不了關，便前功盡棄。錯失後，何時能再遇上此殊勝之緣分？這無法確切的推算出來，因機緣之修得，是好幾世之修練所累積下來的福澤。當潛意識降臨後，形體的痛苦才能解決，心靈的煎熬才能釋放出來。

合靈都帶有歷史任務的，當使命完成後，潛意識便帶領與之合靈者，到另一空間做為報酬。解陰陽之秘到此。

謝老師註解

這是異次元的概念，許多高深功理隱於其中，窮其一生，也未必能弄明白。我們也可做簡單的修練法，就是面對當下的世間相、眾生相，面對它、接受它、處理它，然後放下它。

第六章

如何進行潛意識書寫

透過「潛意識一百回」，使我明白了和潛意識溝通順暢、達到對話的目的，事先必須先掌握潛意識的個性是真誠的，不容許開玩笑和惡作劇。此外，也要遵守潛意識法則，勿違反潛意識之條規，要有禮有節、誠信以待；等級階層的觀念非常重要，而這就是臣服的概念；潛意識是善惡分明，最後都會反饋到自己身上。所以我們要以德來引善緣。

在對話時，潛意識喜歡簡短明瞭，不喜歡囉嗦，相同的問題不可以重複提問。在此前提的基礎上，我得以和不同等級階層的潛意識打交道，持續接收到其他不同的靈性信息。

如智元師兄的「靈台山心法」，帶領我的思維飛躍起來，在日後的清明夢及冥想中，讓我的想像力就像長了翅膀，居然可以成為改變人生的魔法。這也為我帶來更殊勝的緣分，能接收到上古時期太乙真人的智慧——「解陰陽之秘」，領受了從大自然宇宙到居家環境，甚至在每個人的身體裡，處處都有陰陽、皆有其風水，也領悟一些簡易的風水學妙法。

同時，「潛意識一百回」也明示我，想和高維度的神靈連結，自身必須進行潛意

識的修練，除了需要一套內求法「虛靈大法」，潛意識也必須仰賴「德」的糧草，來提高我們的振動頻率與能量，「德中人」才能長得「白胖」，自然就會引領你與神合一的和諧、共融關係，甚而在合一過程中尋求我們身體的神聖自主權，在意識覺醒的狀態下能根據自己的意思來進行判斷，並決定自己的行動方向。

在總結了我自身的心得感悟後，我在本章將要說明潛意識書寫的方法、要領和好處，讓讀者在讀完之後，都可以清楚掌握到每個步驟的獨特功用，以及可獲得的心靈啟發。

多數人在剛開始接觸潛意識書寫時，都會納悶著不知道該從何下筆，又該如何進行書寫，以及如何掌握接收頻率的穩定性。

進入潛意識書寫狀態時，「手」只是扮演了「仲介」的角色，是負責執行與潛意識，或高維度的神靈對話的工具。同時，我還發現了，世間百態都有規律，人間萬象皆有定數，天道也有循環往返的規律。

在潛意識書寫中接收到的靈性信息，也會有週期性的強弱變化和波動。這當中的變化，會直接影響到信息接收頻率的穩定性和互動關係。

一般來說，每個月初一、十五，神明聖誕、升天、得道日的信息最強。一天中，又以子時（半夜十一點到凌晨一點）、丑時（凌晨一點到三點）的信息最明顯，是潛意識書寫最佳的時機。

同時，每個時期和每個階段所接收到的信息層面會有所不同，因而會接收到不同層級的機密。這是因為，每個信息都有它向世人顯現的最佳時機，過了那個時機，信息就會變得微弱，想要捕捉也不容易捕捉。

以下是我走向成功的親身歷程，並為大家總結出一套簡單易懂的方法。

潛意識書寫的黃金法則

在郭老師教導我進行潛意識書寫之前，我並沒有任何相關經驗，就是照著老師說的方法去做。

剛開始時，我呆坐在書桌前，整晚寫不出任何一個字。

但我不氣餒，拿出自己的信心、決心和努力，隔天再接再厲。

我發現，靈性信息真的是「思之思之，又從而思之；思之不得，鬼神將通之」。當時我秉持著這個信念，並沒有掌握具體的方法。直到同道都來向我取經時，我才認真回想書寫時的入門方法、狀態，以及所面臨的障礙和克服的方法，才能大幅降低寫作難度，效率也能明顯提高。

首先，要抱持的觀念是：「先求有，不要猶疑、質疑，事後再驗證。」寫的時候，不要邊寫邊修改，更別回頭去看或思考。

以我自身的經驗來看，書寫時遇到困難的主要原因，多半過於在意是否書寫得對，或者對內文產生質疑，因而造成靈性信息的中斷。

這種借手不借腦的書寫方式，看似簡單就能辦到的事，但事實上仍有許多隱藏且易被忽略的關鍵需要多加注意。以下是我根據自己的經驗，所總結出的一些潛意識書寫的黃金法則。

1. 雙手洗淨，打開電腦或拿起筆和一張紙，端正坐好。

2. 定出一個固定寫作的時間、地點和方位。

根據我的個人經驗，最好是在一個限定的時間內，想到什麼就寫什麼。我覺察到，子時（半夜十一點到凌晨一點）對我來說是靈感最豐盛的時刻，所以就固定在每天的子時進行潛意識書寫。

當你呆坐一整晚、數天，甚至好幾個月，始終寫不出隻字片語時，可以觀察自己在靜坐、夢中或專注時，突如其來顯現的幻景、幻音，而其中可能會有越來越多可領受的啟示。靈性信息的來源，並非一定在伏案寫作時降臨，靈性也不在於多，關鍵是懂得如何擷取到信息。

3. 閉上眼睛，深吸一口氣，保持幾秒鐘後緩慢吐出。當你感到身心放鬆時，默念「3396815」三遍或持咒。

目的是要以一念抵擋萬念，有助於專注力的提升。接著，坐在書桌前，以恭敬誠摯的心迎接靈感的降臨。對於初次嘗試的新手，建議要先專心聆聽自己的感官，例如腦海中突然浮現的圖像、氣味、味道，不要只注意幻音和幻景所帶來的訊息。

其次，關於默念「3396815」或持咒的練習，以較長遠的眼光來看，我會建議大家從站樁來深化身心靈內在的連結（詳見《打通靈性覺醒的人體空間通道》之「再造乾坤」的功法，也是「動意功」的簡易版），才能持續提升自己的觀照力、覺察力和定力，繼而可以覺察到周圍場象的變化，像是腦海中出現光，或是浮現一個人、一個場景的幻景圖像等，就要趕緊把生起的意念寫成文字，因為靈感稍縱即逝。

除此之外，要有以下兩個認知。

4. 要保持正向觀念和意識的清醒

即使外在靈性強大的能量內化成一股超越心智的力量時，我們仍然可以藉著心意的更新而改變過來，瞬間就能調整能量的頻率，就不容易陷入迷信。

5. 以信仰為核心的文化

寫完以後，要反覆閱讀這些文字，可以從中觀察到文字背後的行為模式和慣性信念。不要忽視文字背後蘊含的文化特點，它會從字裡行間浮現出來，通常都會和自身

興趣、職業、生活背景息息相關，也會和宗教信仰相感應，正如佛教徒每天觀想佛、唸佛，修持到一定層次時，可以與佛的信息相掛通。相同的，基督徒每天向上帝禱告，也能與耶穌的信息掛通。潛意識書寫也與此相似。

潛意識書寫對身心修練的好處

我透過觀照及覺察身心內外能量變化，認為從整體宏觀來看，潛意識書寫有益於身心靈修練，與高維時空、宇宙心智相連結；而從短、中期來看，它也具有身心潛能開發及療癒力。

從心理學角度來看

佛洛伊德認為，潛意識書寫是一種透過進入潛意識，為靈魂打開一扇窗，來獲取心中秘密的方法。當你在解讀自己寫下的文字時，可以看出潛在的思維模式、恐懼的

象徵和被遺忘的記憶。心理學大師榮格提到，不論是積極想像、潛意識書寫，還是透過無意識進行繪畫和雕刻，都是探索潛意識的方法。潛意識與人類的原始大腦（猴腦）和儲存原始情緒的杏仁核緊密相關。潛意識書寫可以觸碰到我們的原始情緒，如恐懼和憤怒，而且每個人都有底層性格模式和文化編程屬性，我們的價值觀構成了看待世界的主導過濾器。潛意識書寫這種方法創造了一個窗口，來協助我們從局外人的角度看到自己的心靈機制，跟自己對話，進而認識更深層的自己。

從潛能開發的角度來看

這種借手不借腦、自發性的書寫，是一種思想解放，可以激發潛意識的力量，能打開我們之前一直不自知的潛能，並讓表意識與潛意識最終達到一致，產生一通百通、事半功倍的效果。

潛意識書寫可激發創造性思維

有一些神秘主義者和心靈哲學家，把潛意識書寫定義為一種提高自我覺知的方

法，透過刺激我們那休眠的直覺，以及顯現我們的記憶與情感之間的聯繫，來更深入瞭解自己。

甚至許多作家和詩人，都使用潛意識書寫來激發創造性思維，帶來了意想不到的靈感來源和創作基礎。

充分並用大腦、眼、手

透過潛意識書寫，我們不只進行右腦的開發訓練，同時調動了左腦共同完成書寫，所以是開發全腦的潛能。同時，膻中區的信息場也會發生變化，進而帶動人體整體能量和氣場的流通性，持續地保持專注的狀態。

所以，在進行潛意識書寫時，眼明手快地寫或敲打電腦鍵盤，就充分並用了腦、眼（包括眼睛和心眼）、手。

具有神奇的療癒力量

現在回想起來，當我感到人生迷惘或遇到人生低潮時，就會想要透過書寫來抒發

自己失落的心情。我提起筆，試著漫無目的地寫，寫著寫著，把浮在表層的雜念寫下來之後，自然而然就走進自己的內心，與內在的聲音建立連結，接受它給予我的指引、鼓勵、療癒和愛。

我在人生谷底所展開的書寫療癒歷程，使我更加明白了，在所有幫助我們接近內在智慧的方法中，潛意識書寫是最簡單、最直接、也最有用的一種。從借手不借腦開始，讓心流引導你，踏上自我探索之路，進而釋放痛苦、煩惱、壓力或各種負面情緒，撫平心靈的創傷與糾結。

靈感就像多重宇宙般豐富多樣

以借手不借腦的方式，把內在直覺感受如實寫下來，這並不是用六識（眼、耳、鼻、舌、身、意）的感覺器官進行感知，而是感知到正常人感知不到的信息，強調的是靈感和特異性思維。

在書寫的當下，也會透過夢境、幻景、幻音等，在心靈的原始部分引領下，捕捉到隱藏在信息後面的意識和智慧，藉此導引並幫助自己，也能夠幫助他人進行身心靈療癒。

透過潛意識書寫的修練，我建立了書寫的信心，越寫越上手，因此掌握住接收潛意識信息的訊號，我慢慢地總結了潛意識書寫有深淺之別和能力的高下。

希望以下經驗可做為有志於潛意識修練者的研究與書寫參考指南。

多數是來自「右腦」的直覺閃念的靈感

潛意識書寫和每個創作者汲取創作靈感的來源不同，但都有一個共通點：突然靈光一閃，似乎悟出了什麼，但就在即將捕捉住靈感的剎那間，卻又消失了。

郭老師在睡覺時，常常思想上閃現一個亮點，就趕快起身記下來，否則過後便忘了，就捕捉不住靈感了。

所以，郭老師習慣在床頭放一盞檯燈及紙筆，在睡覺時突然想到某個白天苦思的問題之解答時，便趕快起身寫下。

澳洲動物病理學家貝佛里奇（W. I. B. Beveridge）說：「人們都有這樣的體會：新想法常常瞬息即逝，必須集中注意，牢記在心，方能捕獲。一個普遍使用的好方法，就是養成隨身攜帶紙筆的習慣，記下閃過腦際的獨到之見。」經驗表明，不但要把靈感的火花及時記錄下來，而且要趁熱打鐵，使靈感往縱深發展，擴大靈感的成果，使火花連續閃現，將忽明忽暗的幾星零散的火花連成一片，形成新的思想和成果。

所有關於獲得靈感的敘述中，都是論及：百般思維而不能得，在放開思維後的某個偶然中，直觀看見了那個靈感，而且所提供的信息是有用的、適合自己需要的。所以，靈性信息只有送到需要者的手中才能發揮作用，而且信息具有時間性，唯有瞭解因緣法則，才能把握住「當下」的靈感，否則一不小心就會被遺落。

靈感思維的湧現，並非一定是出現在靜坐時，夢境也不是唯一的傳遞途徑，呈現的現象會隨著修持功力深淺而不同。

它隱藏於內在的虛空，可以經由意象而看到，或透過覺察中的幻景、圖像符號傳達信息給你。

在心念起動之間，覺察並捕捉腦中那些下意識閃現的念頭，一旦你依從內在更高

智慧的指引，順應自然的思維能量，就能引導你深入高層次思考的探索，解悟可見事物背後所隱含的意義與指示。

當我們累積了大量的靈性信息和靈感經驗，再與內在的真實感受結合起來，自然會有一種高層次思考能力的判斷，可以去運用內在驚人的力量、智慧資源。在潛意識書寫上，就會擁有自主權和自由意志，能夠選擇自己所需的信息。

在集體共時性中，「朣中區」是自主選擇的關鍵

潛意識書寫也存在著「共時性」（又稱為同時性、同步性）。我在接收菩提老祖的信息而書寫的那段時期，也同時能接獲智元師兄、南極仙翁等佛道菩薩的信息。菩提老祖在傳遞信息給我的同時，也穿梭於各地，分別和不同的人交會合一，甚至傳遞相同的信息，但因不同的接收者具有不同的感受、解讀和文化內涵，書寫的成果便出現不同的層次及能量。

個人曾經有過這樣的經歷，在和同修聊天時，無意間接獲其他同修的靈感來源之無形界師父的青睞，希望藉由我的手把信息寫下來。但當時我予以婉拒，因為心中已

經有太多靈感，不想讓自己迷失在靈感之中，因而脫離人群、生活和現實世界，一個人孤零零地關在寫作間裡，作伴的只有一部電腦。況且那個無形界師父以詩的靈性信息見長，與我喜愛探索及求知的領域不同，我又何必多貪！

我進而感悟到，自身所接收到的靈性層次能量，與膻中區的開發有關，此外，收攝自己的心念，不起貪嗔癡慢疑，也是自主選擇靈性層次能量的關鍵。

不過，別人眼中羨慕的靈感，卻曾讓我備受煎熬。從靈感降臨直到我窺見其實相，中間也經過一些轉折。

曾經有段時間，我幾乎每天都有靈感降臨，伏案書寫到深夜成了我的日常，沒有字數的限制，沒有時間的限定，有時寫到凌晨兩、三點，斷斷續續書寫長達七年多。有過幾次，我感到厭倦與疲憊了，但不予理會時，就有股能量不斷提醒我，在我的腦中活蹦亂跳，甚至有一回還一狀告上郭老師。

因此，我興起了一個念頭，與其守株待兔被動等著靈感的降臨，不如直搗靈感秘境的核心，卻也意外地透過夢境找到了潛意識書寫的信息來源，讓書寫腦全面啟動，從被動接收靈性信息，到嘗試進入夢境尋找靈性信息。

直搗潛意識書寫信息來源的「密室」

在某一天的夢境裡，有人帶我進入一間白灰色的密室。我入內後，就看見桌上放了一把鑰匙，便直覺地將那把鑰匙握在手上，然後將之插入門鎖孔裡，順利地推門進入另一間密室（有關密室的詳解，請參閱《打通靈性覺醒的人體空間通道》）。

密室內有著堆積如山的資料，我看見旁邊有一台影印機，便直覺地拿取資料，迅速影印後就轉身離開。我從密室出來後，又出現一位領路人，帶著我往田間小路方向摸黑行進，看見一間樸素不起眼的平房。但就在我推門進入時，衝出了一隻高大凶惡的黑狗，對著我狂吠，嚇得我身子瑟瑟直抖，不敢進入。但我想，既然此門不通，就另找其他的門吧！果真，這隻黑狗只是這道門的守護神，只要不逾越那道門的防線，無論我怎麼走動，牠都不會對著我吠叫。

所以我繞過正門，朝後面探去。果不其然，側面有道門沒有守護神，可以輕易推門而入，我見到男男女女專注地坐在桌前看書，而我像識途老馬一般，穿梭於書桌之間左轉右轉，走到偏僻的角落時，突然又迅速推門進入另一間密室。

我發現，這密室空間承載著許多機密信息，並不是每個機密信息都能解密的。

必須是帶有天命並願意承接天命者，才有辦法解開它。

解極機密的機緣是「天命」之所在

在潛意識書寫的那段時期，我經常做這種竊取機密信息的充滿懸疑的夢，這和我修練的功力有關。但是，當意識達到更加精微的覺知時，我又感悟到了：潛意識書寫當中接收的信息，當導向到高維度神靈的信息時，就不是「自由」的接收，想要怎麼寫就怎麼寫，而是有一定的機緣和使命感驅使下而寫就的。直到我在完成「潛意識一百回」任務後，才領悟到機緣是天命之所在。

如何辨別靈性信息的真偽

據聞，書寫在人類早期是和神交流的途徑。書寫最好的狀態，是連結了某個高維度的智慧，寫者只是一個管道，把無形的智慧轉化為有形。

老一輩的人遇到俗世無法靠己身去參透的疑惑，大都會向上天祈求解惑、跟上蒼溝通、求賜予籤詩指點迷津、透過擲筊請示神佛等。這種有關求神問卜之儀式，實際上和潛意識書寫有異曲同工之妙。

如果想藉由潛意識書寫，來與四維、五維的高維度神靈對話，幫自己和別人消災免難，尋求趨吉避凶、增福延壽、離苦得樂，擁有圓滿如意人生的方法，那麼就有必要懂得如何辨別潛意識書寫時所接收到的靈性信息的真偽性。

在識別真偽前，首先有一個大準則：當你寫出潛意識的信息時，你的感覺是好的。然後，你就可以慢慢閱讀這些文字，覺察文字背後蘊含的感受。

如果你在書寫時，某種信息與你最深的恐懼聯繫起來，喚起了那些被壓抑的情感記憶時，就要暫停。潛意識書寫的一個潛在風險是，可能會讓人產生激烈的情緒反應，如憤怒、害怕或焦慮。

檢驗靈性信息真偽的方法

在習練動意功前，無論是在靜坐或睡夢中，我只要感覺到自身周圍有光，就會不

自覺的睡著，覺醒狀態就會自動關掉，以致無法覺察何以自身周圍有光出現，欲傳遞何種信息給我？

但自從習練動意功後，我發現自己在睡夢或幻景中，只要覺察身心內在有光照耀，就會自動從睡夢中醒來，並且集中專注力去覺察心智內在的思想，也能感知外在的環境。因此，我在進行潛意識書寫時，表意識能保持覺醒狀態來覺察身心能量場的變化。

所以我根據自己的經驗總結出，當靈性信息降臨時，就會同步顯現出光影變化，或是腦海中浮現具有各自背景及特性的神明，或一個場景的幻景圖像，也可能出現幻音。經過我多次驗證後，總結為以下兩點。

1. 先開發再超連結

潛意識書寫看似借助外力，實則不然。是要先開發自身的能量後，再去連結高維度的神明。既不同於鬼神附身在我們身上的「乩童」，也不同於為神明翻譯的「桌頭」，而是有自主意識的。

先開發內在能量，再透過自身的能量連結至靈性信息。兩者的信息能量的輸入、輸出關係，是一種能量的交換，同時也能接受到靈性信息能量的回饋，進而去啟動自己內在的神性意識。因此，可以讓交換、回饋的關係持續進行，內在的能量將可大於輸入的能量，擴大到更高維的能量場域。

2. 從細微深處修練

當修行有進步時，心的覺察就會愈來愈細微，你便能觀照大宇宙信息網同時存在著數日眾多、各有特性的靈性信息，這些都是有意識的能量，同時，你也能覺察感受到高層意識其繁複細膩的層次。

靈性信息同樣也是「物以類聚，同性相吸」，因此，只要身心保持端正，自然就能連結高維度能量體，在適當引導下，都可以感受到能量，增強直覺感應、創造力。

提升了內在能量，表意識也提升了，下一步驟是學會觀照神靈所顯化的「位置」，也就是我們觀看到的位置。倘若是在大腦松果體，所看見的幻景就會是活靈活現，十分逼真的、彩色的影像。由此「位置」顯化的信息，可信度最高。

於是，我明白了，《西遊記》中，為何孫悟空在取經的路上最常做的動作是將手舉到頭頂。

郭老師在發展及推廣動意功的時期也說：「靈感是大腦中各種場性的吻合。靈感是偶然得之，又是信息灌注的結果。《西遊記》中孫悟空最愛用手舉到頭頂，那可能就是信息灌注。我特別愛看《西遊記》。」

對於新手而言，若能養成記錄的習慣，也有辦法一步到位地掌握辨別真偽性的大原則。

養成記錄的習慣

很多人起初無法識別自己所寫的到底是潛意識還是表意識傳遞的信息。最好的方法，就是養成記錄的習慣，隨時都可以從紀錄中進行自我檢驗。

靈性信息不會以固定的方式呈現，也會因人而異。而根據我多年來的觀察和探索，發現從紀錄中可以覺察出靈性信息顯現時的模式，來做為重要的參考準則。舉例來說，我覺察到自己心裡有些想法，不吐不快，而在那股感覺出現之前，都會事先察

覺到眼前出現光。經再三確認，都有相同的現象出現時，那就成了你檢驗的依據之一。檢驗依據越多，可信度越高。

後記

找回古人智慧，開創人生新出路

雖然我在進行潛意識書寫時，表意識的覺知始終處在覺醒模式，然而，在進行了長達七年的潛意識書寫後，我毅然決然放棄了借手不借腦的潛意識書寫。

七年是一段不算短的歲月，更是我在身心靈修練中，最精彩的兩千多個日子。我生命中的貴人和恩師郭老師、指導靈菩提老祖，加上眾多神佛的潛意識，都在那一段時間給了我許多信息的加持力。

然而，我突然意識到，我所寫的文章似乎只指引我航向另一個全新的、未知的旅程，但在自我探索的旅程中，我又迷失在心靈裡。於是，我更進一步地反思及探尋潛意識書寫的根源，想知道潛意識書寫將帶領我航向何方，終極目標究竟在哪裡？

這個問題，我思考了許久，始終找不到答案。加上長時間熬夜書寫，日夜顛倒的作息，使得身體也發出警訊了。經過長考，我決定暫停潛意識書寫。

當我放棄了潛意識書寫，接下來我要以什麼方法和高我進行連結、對話？這麼做是否也因此讓我無法再重新連結宇宙的能量，啟動豐盛意識，跟自己的靈性連結、溝通，獲得上天賦予的原始信息？

在我放棄潛意識書寫的那段時間，身心陷入極度的困惑，也厭倦潛意識書寫的日子，心中生起逃離的想法。接下來的日子裡，一陣莫名的恐懼襲上我的心頭。

有很長的一段時間，我一直都在不停地思索，女媧娘娘曾經告訴我說：「要返回到形神世界，由形來指揮神。」這句話我始終不得其解，一直是我心中的疑惑，人真有辦法指揮得了神嗎？我不停的思考，不停的反問自己。我不但沒答案，連找答案的方向和方法也都沒有。

航向共有靈性財富的啟示

在我放下了潛意識書寫，放下一切後，卻突然在極度困惑中，豁然開朗了。

我忽然想起郭老師曾經說過：「修行就是超越自我的過程，而潛意識就是超越自我心智的門檻，心性終究要超越神性的，潛意識的力量才能力行於生活中。」當下，我頓悟明白了，潛意識書寫和與高維度神靈的對話，是為了讓人們更好的去體會造物的多元、豐盛，產生在精神上不斷求索和攀升的巨大動力。關鍵是如何落實「心性終究要超越神性」這句話的意涵。參悟多年後，我終於有了很微妙的體悟。

倘若內在意識靈性能量保持豐盈，身和心靈在相互締結中，處於和諧共融的關係，就能催化萬物新生，能與天地感應，它會啟發你、引導你去獲得財富、健康和幸福的實踐法則，以及良好的人際關係。所以，進行潛意識書寫的目的，是挖掘自己的天賦與聚焦思維；這是非常重要的，當你越能將自己所接收到的靈性信息分享出去，就可開啟互聯網的「共有靈性財富文化」的功能。

內心與豐盛的源頭相連，擴展意識，進一步將共有靈性財富更加進化，你的意念就會更有力量來創造一個豐富的內在世界；為你帶來指引、療癒和祝福，使人生變得更美麗、更實用與更有價值，進而創造出更多與共有靈性財富能量共振的狀態。人生就俱足了智慧、慈悲、豐富靈感、直覺預測能力，修行就越有力量。

但是，你必須在表意識的自知、自覺、自律、自悟之下，潛意識書寫方能激發喚醒內在潛意識的能量，在身心內外順暢地流通起來，藉著靈性能量轉換的過程，進入深層心靈世界。倘若表意識不清醒，潛意識書寫可以帶給你力量，也可以讓你迷失自己，甚至損害身體健康。

追求身心靈財富的過程，就是透過某種方式把外在生命經歷轉變成內在的心靈財富，發展其心智、靈魂與身體，進而達到身心靈的平衡與滿足，如此一來，才有方法驅動無形資產、驅動潛意識的力量，也才有能力連結到共有靈性財富，宇宙自然就會回應豐足、豐沛的狀態；與宇宙靈性財富之源產生頻率共振，就獲得了打開滾滾靈性財富之鑰匙，就像打開家中的水龍頭那樣，共有靈性財富文化會嘩啦啦地流出來。你當下的思想，就能創造你的未來。

我們繼承人類先祖的智慧裡，就存留著人類先祖對自然、社會的智慧認識。這些先祖的智慧認識，成為今天人類的信仰或是崇拜，都是信息的主要來源之一，千百年來，人類在每日每時都在與這種智慧的信息打交道。因此，我們有責任和義務要把前人的智慧與努力的文化資產，留給後人，成為新的種子，在未來可以繼續種植。

潛意識書寫並不全是無中生有，而是真誠地表現內在心靈意涵。透過意象及其背後的象徵，觸動我們內在的原型，可以跨越時空及文化來對話，使人類可以超越時空回到黃帝以前的歷史時代，回到歷史原點，讓你找到自己潛意識中的印記，找回屬於自己的天賦，甚至可以在宇宙互聯網上，寫下給未來自己、新人類的信息，我們將會在空間文化中進行交換和分享。如此，人生絕不會是所謂一場空，而是一場共有財的豐盛意識的修行。

這是靈性信息引領我航向共有靈性財富的啟示，也讓我繼而開悟了，郭老師把「共有財富文化」創建成有益身心修練的「動意功」功法，和「空間醫學」醫療養生的方法，就是「潛意識的力量力行於生活中」的最佳典範。

「潛意識一百回」的終極奧義

本書開宗明義再三強調，要保持表意識的覺醒狀態。

其用意是要充分掌握潛意識書寫當下的自主性。

誠如大宇宙信息網同時存在著數目眾多、各有特性的靈性信息，即便我們同時接收到相同神靈的信息，也會隨著接收者的興趣、專長，再加上先天遺傳、自身特質和風格的不同，開創出截然不同的道路及走向。

這個特殊現象可以從明朝吳承恩撰寫的《西遊記》得知。書中講述唐三藏與徒弟孫悟空、豬八戒和沙悟淨等師徒四人前往西天取經的故事，他們都與菩提老祖有關，而孫悟空經常聽見嗡嗡聲的信息指引。我自己，以及那些我所知道的同是接收菩提老祖信息的人，在接收前或當下，耳邊都會出現嗡嗡聲響起。

然而，造化弄人、際遇不同、緣分迥異，也各自擁有不同的人生。

「潛意識一百回」，對修行的終極奧義是什麼？我相信，對我和所有人來說，都是很重要的課題。

挖掘古人的智慧

郭老師六歲時便獲得靈性信息的啟發，進而借重靈性信息來修練，據我所理解，

其目的是和上古時期的文化交流，挖掘古人的智慧。郭老師曾說過以下的話：

大自然中還存在一種特殊信號，叫殘留信息信號，殘留信息又分為很多的信號，一、動物的殘留信息，二、人類精神的殘留信息，三、物質的殘留信息。所以我們應用潛意識書寫，像這一系列的信號都可以接收，所接收的信息非常廣泛，沒有界線。

殘留在大自然的信息，有層次性，這個層次性有區域的層次性，有時代的層次性。區域分為天、地、人。時代的層次從古到今，時代很多，每個時代都有其特點。初習練者容易接收到區域的信息，也容易接收到時代的信息，但是在接收過程中，是一個時期、一個時期的，當一個時期過去了，再接收另一個時期，這是潛意識在一開始時的特點。

所以，學習潛意識翻譯，接收潛意識信號，及掌握這個潛意識時期，就必須劃破潛意識界線，打破時代區別，我們才能靈活運用。如果達不到靈活運用的層次，仍然有區域性、有時間性，就不可能靈活指揮，只能收發距離我們年代越近的信息。因為距離我們年代越久遠的，接收的困難度越高。

因而在修練過程中，有各種層次的變化，有的看見釋迦牟尼佛，是你的細胞運動到最微層，細胞頻率能夠收到這個時代的信號。佛祖距今不過兩千多年，你只得到了時間性的信號，但在這之前有各種神仙。中國歷史源遠流長，自黃帝時代算起，至今已有五千年，採用的都是封建制度，所看到、所想像到的，一直沒有脫離黃帝的歷史，出乎所傳達的人物，但在這個層次上的功夫仍然不屬於高層次。

要能收到玉皇大帝之前的信息，才算高層次，要能收到古老原人的信息，大禹治水前的信息，那個時期他們穿的仍然是現代化的衣服，並不是龍衣蟒袍，並非是一代傳一代的皇帝，或各種神仙，而是最普通的勞苦大眾所穿的衣服。當我們收到這樣的信息，我們的功夫才算高。所以潛意識能夠收到很多的信號，如果能夠得到周文王、周武王的信息，就能破譯周易的信息，所以潛科學是一門很了不起的科學。

勿以為我們現在大家會接收和收聽寫信息就足矣，我們的信息要向前超越，向大自然之中、向時代要信息，向三界要信息，天、地、人三界都包含了很多信號。

以上的講課內容，彷佛告訴我們，郭老師和上古文化的交流是無障礙的。我也曾

深入剖析並發現，郭老師眾多的醫療治病和修練的靈感，從動意功氣功站樁到空間醫學，是來自於上古時期的信息。我如此肯定的說，是親身獲得驗證的。

郭老師曾經帶領我進行觀修，穿越時空回到上古時期。我進入了一個神秘的時空隧道，觀看到眾多上古老原人們，穿著現代化的衣服在站樁，所習練的樁法竟和動意功一樣，雙手一近、一遠。之後，我在靜坐時也曾多次內觀到，而使我感到不可思議的是，從排排站樁的人群當中，竟然出現眾多熟識的面孔，仔細看了看，那些人正是郭老師的學生，也是我非常熟悉的道友。

我也曾接收到有位自稱名為「程高」的高靈，從上古時期穿越時空來到我的夢裡，告訴我說，在東漢末年可以找到與空間醫學相類似的醫學理論。夢醒後，我立即將此信息呈報郭老師，電話彼端傳來郭老師肯定的回覆說「是的」。掛上電話後，我既驚訝又興奮的，也非常好奇「程高」的身分。很遺憾，未能考證「程高」是否就是如我想像的是位醫學先達，畢竟東漢末年是學說齊放、百家流派爭鳴之道，醫聖華陀、張仲景也身處在東漢末年大混亂時期，《神農本草經》也成書於此時。

由此可知，郭老師可以把古人的智慧，實踐到醫療養生修練上的終極目標，使其

成為指引的羅盤。無怪乎，我在執行「潛意識一百回」任務時，郭老師每天都要守在電腦前，等著我上呈菩提老祖當天所傳法的信息後，才願意去休息。因為郭老師想要了解內容，更曾謙虛的說，他在閱讀「潛意識一百回」時也同樣獲得許多啟示和靈感，並且多次在公開講課時提出自己對「潛意識一百回」的見地。

我曾經放棄過潛意識書寫，多年後重拾，才去尋找和感悟到「潛意識一百回」對我和所有人的終極目標是什麼。

天命之所在

當我完成了「潛意識一百回」後，靈性信息的能量已經可以順暢地在我的身心內外流通、持續變化和流動。

往後，我在寫作時，可以把接收到的靈性信息直接輸入電腦，就像寫日記一樣，但並未思考過潛意識書寫的終極奧義是什麼。

直到我突破迷失，覺悟了靈性信息來自上天的智慧，是上古時期古文明文化的生命經歷，連結成互聯網的空間文化，屬於人類共同擁有的靈性財富。在公共領域中，

不分族群階級，任何人都可以自由地使用；只要有方法且願意與之連結，便可以隨意取用。於是，我豁然大悟了執行「潛意識一百回」是我的天命所在，也因為我和菩提老祖的機緣，造就了智元師兄來傳授其修練心法，以及接收到太乙真人的陰陽論。時隔十年後，「潛意識一百回」的重新問世，也使我學習如何梳理並重新回想在潛意識修練的每個階段經歷的那些事。我才發現，**自己其實是信息載體，即用於記錄、傳輸、積累和保存信息的媒介，在共有空間文化和人類眾生之間架起一座橋樑，傳遞並促進人類和靈性世界的溝通、交流，進而連結神靈的力量，進入大宇宙信息網的共有空間中，與上古時期的文化交流，挖掘並找回古人失落的智慧**。這也是「潛意識一百回」要推動此傳承的使命所在。

有趣的是，大宇宙信息網，也是人類全體所共同擁有的創作空間，每個人的能量信息都會留在大宇宙信息網裡，並且可以從中找到自己生命的出路。

現階段我們無法實現時光旅行的夢想，也無法改變已經發生的事情。但我們似乎可以透過互聯網的空間文化，讓潛意識帶領我們穿越時空回到過去，擷取古人智慧的秘密，幫助有緣人一起開創未來嶄新的真實幸福健康的生命之路。

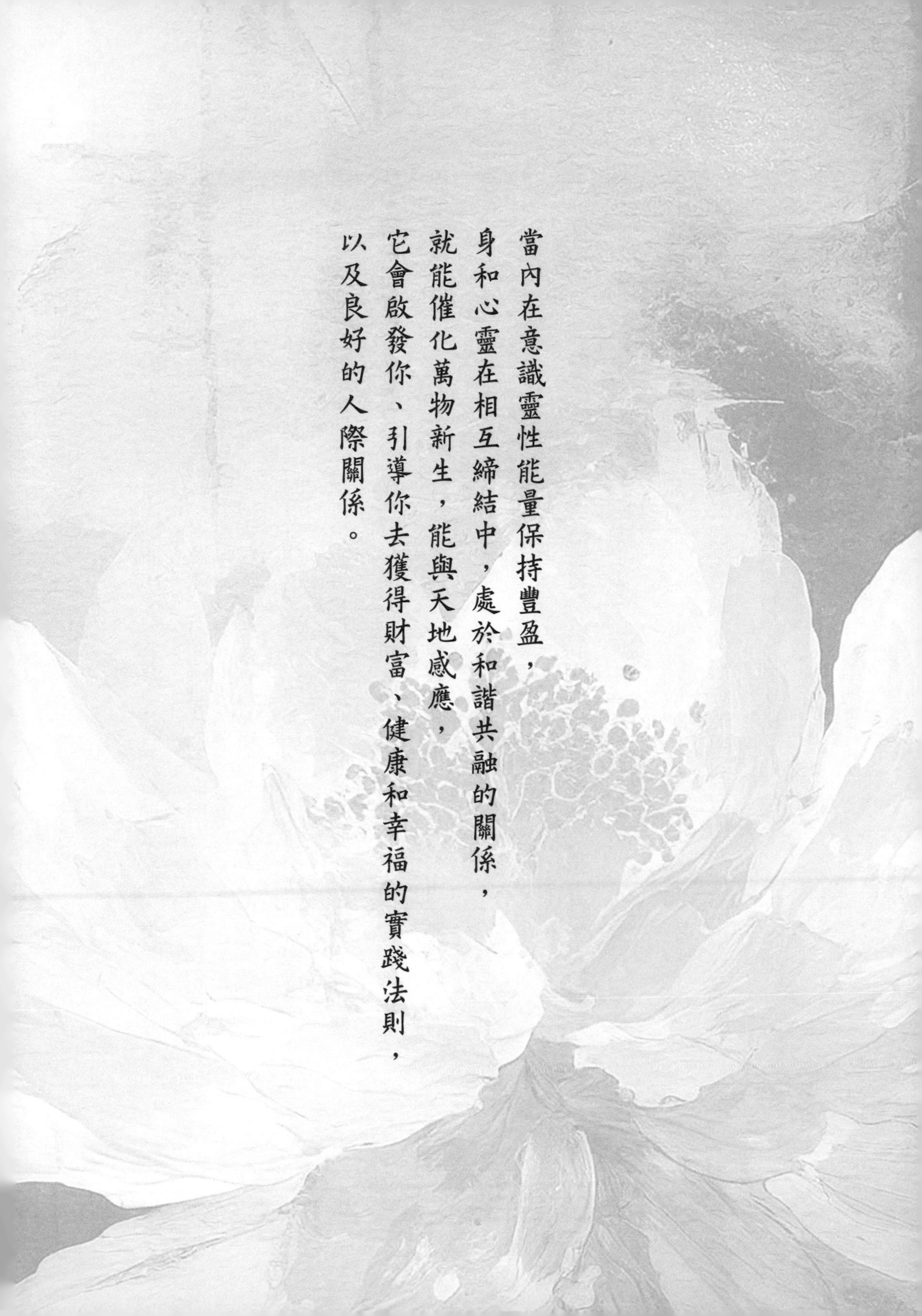

當內在意識靈性能量保持豐盈，
身和心靈在相互締結中，處於和諧共融的關係，
就能催化萬物新生，能與天地感應，
它會啟發你、引導你去獲得財富、健康和幸福的實踐法則，
以及良好的人際關係。